如何
远程工作

[英] 杰玛·戴尔（Gemma Dale） 著

于巧峰 译

HOW TO
WORK REMOTELY

Work effectively,
no matter where you are

中信出版集团 | 北京

图书在版编目（CIP）数据

如何远程工作 /（英）杰玛·戴尔著；于巧峰译. -- 北京：中信出版社，2024.1
（创造成功经典系列）
书名原文：How to Work Remotely (Creating Success)
ISBN 978-7-5217-6232-7

Ⅰ.①如… Ⅱ.①杰… ②于… Ⅲ.①企业管理 Ⅳ.① F272

中国国家版本馆 CIP 数据核字 (2023) 第 238244 号

How to Work Remotely by Gemma Dale
Copyright © Gemma Dale, 2022
'This Translations of How to Work Remotely is published by arrangement with Kogan Page.'
Simplified Chinese translation copyright ©2024 by CITIC Press Corporation
ALL RIGHTS RESERVED
本书仅限中国大陆地区发行销售

如何远程工作

著者：[英] 杰玛·戴尔
译者：于巧峰
出版发行：中信出版集团股份有限公司
（北京市朝阳区东三环北路 27 号嘉铭中心　邮编 100020）
承印者：北京通州皇家印刷厂

开本：880mm×1230mm　1/32　印张：7.75　字数：111 千字
版次：2024 年 1 月第 1 版　印次：2024 年 1 月第 1 次印刷
京权图字：01-2023-4866　书号：ISBN 978-7-5217-6232-7
定价：48.00 元

版权所有·侵权必究
如有印刷、装订问题，本公司负责调换。
服务热线：400-600-8099
投稿邮箱：author@citicpub.com

目　录

第一章　远程工作简介 / 001

办公室工作与远程工作 / 007

远程工作与混合式工作 / 008

远程工作的挑战以及如何克服 / 009

远程工作技能 / 015

混合式工作的技能 / 018

第二章　远程工作实践要点：为成功做好准备 / 023

远程工作的场所 / 025

技术和数字工具 / 028

布置好工作空间的下一步 / 029

建立虚拟关系 / 031

远程协作 / 034

第三章　个人生产力与工作效率 / 041

重新思考时间 / 044

时间管理 / 048

提高专注度 / 061

第四章　沟通与协作 / 069

适合你的沟通方式 / 074

远程沟通带来的挑战 / 076

异步沟通与同步沟通 / 078

有效的虚拟会议 / 083

肢体语言 / 090

线上演示 / 094

第五章　远程工作者的幸福感 / 103

远程工作给个人幸福感带来的挑战 / 106

远程工作的好处 / 113

在远程工作时管理好健康问题 / 114

第六章　你的存在感和个人品牌 / 121

你的可见性 / 124

你的个人品牌 / 127

信　任 / 131

第七章　远程员工的职业生涯管理 / 137

远程面试 / 141

迎接新的远程工作岗位 / 145

职场新人 / 148

建立人际关系 / 149

持续职业发展 / 152

第八章　领导与管理远程团队 / 159

管理远程团队和混合式团队的关键技能 / 163

领导和管理远程团队和混合式团队面临的挑战 / 166

打造企业文化 / 167

确定哪些团队成员可以灵活办公 / 169

明确远程工作的方式 / 171

组建远程团队 / 172

与远程团队沟通 / 175

远程团队的绩效管理 / 176

远程支持员工的事业发展 / 189

第九章　最后的思考 / 199

附录 1　为远程员工和混合式员工提供建议 / 205

附录 2　为远程团队或混合式团队的领导者及管理者提供建议 / 219

参考文献和延伸阅读 / 233

| 第一章 |

远程工作简介

远程工作有时也称远程协作、虚拟工作、远程办公或分布式工作,是指在传统工作环境之外工作。许多远距离员工居家办公。其实,只要不在固定场所工作或员工无法同地协作,那么无论采取何种形式,都是远程工作。这可能包括在当地商业中心或联合办公空间工作,甚至在国外或度假屋工作。一些远程团队偶尔会见面,而另一些远程团队则跨越国家和时区,只进行虚拟联系。远程工作的范围包括完全远程工作、部分远程工作或者部分办公室工作,以及偶尔或临时居家办公(主要还是在办公室工作)。

远程工作和居家办公只是两种灵活的工作形式,同时远程工作可以与其他具有灵活性的工作形式结合在一起,例如灵活安排时间和日程。

要想真正实现远程工作,就必须有技术的加持,特别是互联网和经济实惠的无线网络技术,科技使我们随时随地都能工作。早在20世纪80年代中期,领先的管理学家就预测远程工作将是未来的工作形式。然而，在许多公司认真看待远程工作并大规模引入这种形式之前，全球新冠肺炎疫情的暴发让远程工作成了必然而不是一种选择。在新冠肺炎疫情发生之前，完全采取远程工作这种形式的公司寥寥无几。

远程工作和居家办公都不是新创意，但由于新冠肺炎疫情的暴发，它们迅速普及开来。据估计，2020年中期，全欧洲有多达1亿名员工居家办公，其中许多人是第一次居家办公。在一些国家，多达一半的工作人口在政府的要求下居家办公，而且人们居家办公的时间在不断延长。

在这段时间里，一种强劲有力、团结一致并且非常全球化的声音出现了，员工希望今后可以更多地采取居家办公的工作形式。然而，他们中的大多数人并不想一直远程工作，而是想一部分时间和同事一起在办公室工作，另一部分时间远程工作。行业调查和学术研究（参见本书"参考文献和延伸阅读"部分）普遍显示，60%~80%的员工希望居家办公。各公司迅速对此做出回应，许多公司确定不要求员工在办公室工作，至少不要求员工所有时间都在办公室工作。由此，混合式工作诞生了。

尽管新冠肺炎疫情推动工作形式向远程工作快速转变，但这其实是许多员工一直期望却未能实现的。2019年，英国特许人事发展协会将灵活工作形式的进展描述为"冰川"。许多员工表示，他们无法采取自己想要或需要的灵活工作形式。然而早期研究表明，新冠肺炎疫情过后，居家办公这种工作形式仍将持续。公司和员工都要对这种工作形式进行投资，公司投资于新技术和培训，员工投资于居家办公的设施。同时，公司和员工都发现居家办公的效果比自己以前预想的还要好。曾经被认为不适合远程工作的工作，现在被证明是适合的。许多管理者意识到，担心员工滥用灵活工作或远程工作的时间是没有根据的。事实上，大多数员工表示，居家办公的工作效率和在办公室办公的工作效率一样高。

从公司的角度看，远程工作有很多潜在的好处。研究表明，远程工作以及其他形式的灵活工作可以提高员工的工作满意度，减少旷工，吸引和留住人才，降低公司的办公场地成本（戴尔，2020）。当人们真正开始远程工作时，他们通常倾向于继续采取这种工作形式，并成为忠实的拥护者。

这些因素共同指向一个更加灵活的未来。与过去相比，人们将有更多的居家办公或远程工作时间。新的工作方式可能很多，远程工作（或混合式工作）的范围可能小至偶尔居家办公一天，或者大至100%远程工作，没有正式的工作场所。许多人对混合式工作（有时也称"部分远程工作"）的新期望是，大多数员工每周都可以根据所做工作的类型，在"每个地方"都花一些时间，自己选择在办公室或者在家里工作。公司可能会根据其特定环境、客户和利益相关者而采取不同的方法。

当然，并非所有类型的工作都可以远程进行。远程工作在很大程度上是知识工作者的专利，他们的工作涉及思考问题、解决问题、记录信息或处理信息。一项工作是否适合远程进行，取决于以下几个因素：

- 工作本身的职责和责任。
- 运营要求。
- 团队或公司的需求。
- 与他人合作的类型。
- 技术支持的可获得性。
- 在特定地点或时间完成工作的必要性。

判断一项工作是否适合远程进行，以及一名员工是否能够有效地远程完成此项工作，是管理者确定这项工作是否能够取得成功的第一步。

居家办公和远程工作不断普及，由此产生的深远影响远远超出了在固定场所工作的影响。这也意味着那些即将远程工作的员工和领导者需要创造条件，以便在未来取得成功。人们非常熟悉如何在办公室运营业务、取得事业上的成功，毕竟自工业革命以来人们一直在这样做。但对许多人来说，新冠肺炎疫情暴发之前的远程工作只是偶然发生的情况罢了。正如许多人在这场全球疫情期间所了解到的那样，定期的远程工作与默认的在办公室工作有很大的不同，与混合式工作也有所不同。

办公室工作与远程工作

在办公室工作时，工作日通常更有条理，尤其是在时间方面，你的各种活动通常是与其他员工同步进行的。同事之间的互动大多是面对面进行的（除非我们大门紧闭，忙于发送电子邮件，这是很常见的情况），而且可能更为临时和随意，比如人们常说的"茶水间闲聊"。与远程工作相比，办公室工作更具有社交性。

当面对面工作时，员工更容易吸收公司文化和建立人际关系。在新冠肺炎疫情期间，雇主们估计，与亲自到公司入职相比，在线上实现有效的员工入职培训需要多花大约一个月的时间。但是，远程工作可以在工作日为员工提供更多的自由，除非雇主要求，否则员工不需要按照严格的时间要求上下班。传统的通勤方式基本消失了，这会给员工带来更大的幸福感和经济利益。沟通主要是由技术驱动的，与办公室工作相比，远程工作面临的干扰更少，这有助于员工提高注意力和工作效率，尤其是那些认为办公室环境具有挑战性的员工。然而，由于大部分同事关系数字化了，人与人之间的关系逐渐变淡，工作所涉及的一些重要社交功能可能会因为远程工作而丧失。从职业角度看，远程工作的可见性不高，因此员工不仅需要从不同角度思考如何取得成功，还需要思考如何展示成功。

远程工作与混合式工作

完全远程工作和混合式工作也有所不同。确切地说，混合式工作的方式因公司和工作岗位的不同而有所不同。因此，在一家公司成功开展混合式工作或远程工作的人不一定能将这种经验无缝转移到另一家公司。尽管混合式工作在实践中有多种形式，涉及不同程度的自主权，但最理想的模式之一是"3/2式"，即3天在家工作，2天在办公室工作。一些员工完全可以自由决定自己在哪里工作以及何时工作，而另一些员工则有固定的时间表或轮值表。这给采取混合式工作形式的员工带来了挑战，他们需要考虑如何应对混合式工作的独特性和复杂性，尤其是当其他员工仍在同一地点工作时，情况会更加复杂。

在某些方面，混合式工作可以实现两全其美。员工可以减少通勤时间（这是一项非常重要的福利），还可以专注于工作以及独立开展工作。同时员工可以定期与同事进行面对面交流，这有利于维护人际关系以及促进事业的成功。办公空间需求的减少可以使公司获得经济利益，从而提高员工福利并降低设施成本。

然而，混合式工作也会给相关员工及管理者带来两个世界的挑战。混合式工作要求员工拥有各种各样的技能（稍后我将在本章讨论）以及出色的组织能力。那些管理混合式工作团队的人还需要拥有极佳的沟通和协作技能——他们需要努力确保团队中的每名员工都能获得想要的信息，以便形成团队凝聚力。

不论是办公室工作还是远程工作（或混合式工作），某种工作形式都不一定比另一种形式"更好"，工作成效取决于个人的工作风格、公司文化和工作本身的性质。

不管远程工作的具体形式是什么，新的工作方式已经出现了，因此员工需要适应这种变化。各种形式的远程工作都需要新的技能和不同的工作方法。原来在办公室工作时很重要的一些事情，在开展远程工作时会变得更加重要。有些领域需要得到高度重视，而有些领域则变得不那么重要了。远程工作对员工的幸福感、包容性、领导力和职业发展都有重要影响。本书内容涵盖上述所有领域，并提供了对相关问题的反思、成功的秘诀和实践练习。要想使远程工作获得成功，个人能力和周密的计划是关键。本书将帮助你制订一个适合你的计划。

远程工作的挑战以及如何克服

远程工作给员工和公司都带来了切实的好处，同时带来了挑战。克服这些挑战的关键是意识到这种工作形式的潜力,制定合适的战略,确保这些挑战不会阻碍事业的成功。有些挑战,比如福利问题,我将在后文进行更详细的探讨。其他挑战包括:

- 与远程同事进行有效协作。
- 与直接主管的联系减少,无法获得支持和指导。
- 建立有效的人际关系。
- 职业发展和进步。
- 控制干扰,保持专注。
- 个人动机。
- 隔离感与孤独感。
- 适应远程工作人员这一新角色。
- 与远程工作相关的错误观念。

当然,这些挑战在传统的工作环境中也存在,本书将逐一探讨。这些挑战在多大程度上会成为真正的问题,以及个人和公司应该如何解决这些问题,都取决于具体情况。

反 思

根据自己的特殊情况、角色或公司情况,你最有可能遇到哪一种挑战?

混合式工作是为应对新冠肺炎疫情而兴起的工作形式，是办公室工作和远程工作（通常是居家办公）的混合形式。混合式工作的一个特殊挑战是其新颖性，只有当混合式工作成为一种被牢固确立并为大众所理解的工作方式时，我们才能理解它在未来的影响和结果。进行良好的实践需要时间，我们理解促使这种工作形式成功的真正因素也需要时间。然而，我们可以看看自己早已了解的远程工作，并将其应用于混合环境。

我们可以克服远程工作和混合式工作所带来的特殊挑战，方法之一就是认识到它们与我们所熟悉的传统办公室工作有何不同。如果只是简单地在家中复制办公室生活，采用相同的工作方式、方法和技能，那么这是不会给个人、团队或公司带来最好的结果的。为了真正提高工作效率，远程员工和混合式员工需要采取切实可行的方法，但也需要重新考虑一些基本问题，比如何时工作以及如何工作。有些新方法可以单独实施，有些则最好由整个团队共同实施。确定必要的技能并努力学习是取得成功的关键。

关于远程工作和混合式工作，还有最后一个挑战值得考虑，那就是公司本身（包括其管理人员）有自己的文化或态度，这可能会成为一个障碍。并非所有引入远程工作的公司都完全准备好了相关工作形式，并不是每一个需要领导混合式团队或远程团队的管理者都真正相信这种工作方式，他们私下里更喜欢团队在办公室工作。尽管这是公司应解决的问题，但远程员工需要意识到出现这些困难的潜在可能性，并知道如何应对。其中一些问题与对于远程工作的错误观念有关。

有关远程工作的错误观念

关于远程工作和混合式工作的观念有很多，有些是错误的，有些则有一定的道理，这在很大程度上是因为员工没有采取成功的策略来应对远程工作。

远程工作不如面对面工作有效

人们普遍认为工作必须面对面进行，或者说这样会更好。然而，新冠肺炎疫情迫使人们居家工作，这表明整个企业完全有可能居家运营，并继续创新、交付产品，从而实现发展。实际上，这确实会使工作变得不同，但工作量却不一定会减少。

远程工作者很难管理

管理远程团队与管理在同一个地点工作的团队不同，但前者并不一定更加困难。不过，公司确实需要调整方法，运用一些新的管理和领导技能。后文将对这一问题进行更多探讨。

物理距离会导致心理距离产生

一些人仅仅因为人们分散在不同的地方工作，就认为这会带来非常糟糕的工作体验，尤其是在维持工作关系和吸收公司文化方面。如果公司没有采取适当的策略，那么这种糟糕体验可能会出现，但我们绝对不能认为一定会出现负面结果。

远程会议不如面对面会议好

这是第一个观念的变体版本。同样，几乎没有证据可以支持这种观点。但远程会议确实需要好好管理，而且它与面对面会议有很大的不同。这部分内容也将在后文进行探讨。相较面对面会议，远程会议有一定的优势：公司可以为那些无法参会的人录制视频，也可以让那些无法亲临现场的人进入线上会议，甚至可以进行直播，以提高参与度。

人们需要面对面一起工作，以便进行创新或合作

正如我们已经讨论过的，新冠肺炎疫情期间有大量证据表明，公司在采取远程工作这一方式后，还在不断实现创新，员工以远程方式工作也能进行有效协作。许多公司的员工是完全远程工作的，但其工作效率很高而且富有创造性。

远程工作者对自己的事业不那么投入

因为员工的工作方式灵活，或者因为员工采取远程工作的方式，就认为员工对事业不投入，这种观念对员工来说是很不公平的，这是对灵活工作者的污名化，没有证据表明情况确实如此。

远程工作者将利用监督性低的便利

这一观念也缺乏证据，这是过去员工请求远程工作（或其他灵活工作形式）被拒绝的常见原因。在新冠肺炎疫情期间，由于没有迹象表明各地企业都面临着员工懒惰或溜号的问题，这一错误观念被揭穿了。

远程工作是孤立的

远程工作可能会让人感到孤独，但也不一定如此。这确实需要远程工作者及其领导有意识地在员工之间建立有意义的联系和人际关系。

远程工作者很难平衡工作和生活

的确，居家工作时员工很难找到工作与生活的平衡，但如果采取适当的策略，情况就不一定如此。

远程工作对职业生涯有负面影响

不幸的是,这一观念有一定的真相支撑,这在很大程度上是因为一些人认为面对面工作更可取,他们对远程工作者有一些负面看法。正如后文将要探讨的那样,远程工作者需要在工作的同时,专注于自己的职业发展和进步。

> **反 思**
>
> 你相信这些观点吗?如果相信,那么你认为这些观点来自何处?有什么证据支持这些观点?这些观点对于你成为一名成功的远程工作者有什么影响?如果别人相信这些观点,那么哪种观点会阻碍你成功?
>
> 这些观点中的一些潜在的根本因素可能会给远程工作者和混合式工作者带来风险,本书将探讨如何解决和减轻这些风险。

远程工作技能

大家对于在远程工作或居家办公时取得成功所需要的许多技能已经很熟悉了,这些技能通常与在任何工作环境中取得事业成功所需要的技能相同,我们在许多职位描述中都可以找到。然而,远程工作的性质确实意味着相比传统办公环境,其中一些技能在远程工作中更为重要，或者需要以新的或不同的方式加以应用。不论你是部分时间居家办公还是完全居家办公，以下是促使你取得成功的一些至关重要的技能：

- **时间管理**。在没有办公室环境中的组织结构和惯例安排的情况下，员工无法获得以前同地工作的经理或团队的指导，必须学会有效管理自己的时间。
- **沟通**。远程工作依赖于有效的沟通，因此远程工作者必须具备书面沟通和口头沟通技能，以支持自己在虚拟环境中取得成功。良好的沟通能力对于远程工作者来说是不够的，优秀的沟通能力才是标准。
- **协作**。协作是指人们一起工作以实现一个共同的目标或目的，或者单纯指分工合作以完成一项工作。有效协作并非一种独立的技能，员工需要应用此处列出的许多其他技能。优秀的合作者应该是好的倾听者，尊重他人的意见和贡献，并乐于接受各种想法和挑战。远程工作并不意味着独自工作，而是意味着以不同的方式与他人协作。
- **建立关系**。员工需要在不一定与同事见面的情况下建立起强大且彼此信任的工作关系。有效的人际关系有助于培养此处列出的许多其他技能，包括沟通和协作。
- **个人效能**。远程工作通常是在无人监督的情况下进行的，而且是一种日常情况，因此员工需要自我激励，需要具有组织性，能够独立工作，并管理好自己的时间。
- **工作与生活的平衡管理**。没有了典型的办公室工作日，员工需要采取一系列策略，以保持工作与生活的平衡，避免与可能出现的挑战发生冲突。
- **积极主动性**。员工需要积极主动地找到解决挑战的方法。由于隔壁桌没有同事在工作，甚至由于同事不在同一时区，员工无法随时向他们提问，所以员工需要积极主动、随机应变。
- **数字素养**。大多数远程工作只能通过数字技术来完成，员工需要熟练使用各种工具和系统。这是员工需要掌握的另一种高水平技能，但目前来说，大多数员工的能力还远远不够，员工需要掌握广泛的、最新的和应用良好的技术。
- **情商**。情商通常被描述为管理自己的情绪、理解某种行为如何影响他人以及感知他人情绪的能力。高情商有助于人际关系的建立，还可以帮助远程工作者远程获取情绪线索。

重要的一点是，我们要认识到远程工作和居家办公并不适合每个人，因为某些人群不具备上述技能。他们可能觉得自己无法克服远程工作所带来的挑战，也觉得这样的工作方式太孤立了，或者觉得工作和生活之间没有明确的界限。同时有些人根本没有条件创造一个较为合适的工作环境，或者他们的家庭状况不适合让自己居家办公。在开始居家办公之前，你可能需要仔细考虑一下这种工作方式是否适合你本人和你家庭的特殊情况。

许多公司为远程工作者提供支持和培训，包括帮助员工使工作与生活达到平衡，或使用相关技术来帮助那些尚未具备必要技能的人获得进步。有时你可能需要一段试验期来确定自己是否适合远程工作。在混合式工作模式下，你可以尝试找到使远程工作和办公室工作达到平衡的方式。

混合式工作的技能

在许多方面，混合式工作的技能与远程工作的是相同的，但有一些差异值得我们思考。首先，混合式员工既可以远程工作，又可以在办公室工作，这会使他们更容易克服远程工作所面临的一些挑战，比如提高管理上的可见性和建立新的同事关系。混合式员工确实需要从不同的角度思考如何安排工作时间和一周的工作任务，以便在正确的时间和地点产生最大的效率。混合式员工还需要具有高度的组织性，特别是在日常事务管理方面。混合式员工需要考虑完成各项工作的最佳地点，考虑各种会议是面对面召开还是线上召开，以及如何处理远程工作和办公室工作之间的混合关系。这些问题会因职位和公司的不同而有很大的不同。

混合式员工需要熟练掌握两种截然相反的技能，他们需要在远程工作期间成为效率极高的独立工作者，而在协作工作期间成为强大的团队成员。他们需要做到灵活敏捷，根据当下的具体任务或活动切换不同的工作方式。

混合式员工需要成为良好的沟通者，即便不能比远程工作者更优秀，至少要和他们一样。混合式员工需要根据工作地点的转换，从一种沟通方式无缝切换到另一种沟通方式。如果会议是混合式的（远程参加和现场参加），那么混合式员工还需要成为优秀的会议推进者和参与者。混合式团队的领导者必须控制混合式工作的复杂性，因为以不同方式工作的不同团体之间可能会出现冲突或缺乏凝聚力，领导者还要确保员工无论在哪里工作，都能完全融入团队。混合式团队的管理者需要学习如何管理自己无意识中产生的偏见，改变自己对远程工作和混合式工作的看法，同时不偏袒那些看似在办公室坐了很长时间，实际上并没有将时间花在工作上的员工。与完全远程工作的同事一样，混合式员工需要积极主动，善于平衡自己的工作与生活，并具有高水平的数字素养。

最重要的是，混合式员工不仅需要在工作和生活之间找到平衡，还需要在办公室工作和远程工作之间、不同任务和活动之间找到平衡。

无论采取何种形式的远程工作，有些因素是可以人为加以控制或影响的。这包括技能、行为、沟通和协作的方式、工作效率甚至个人动机。虽然有些因素不在个人的控制范围内,例如管理者以及公司提供的技术、系统和程序,但对远程员工和混合式员工来说有个好消息,即无论是为远程工作做准备还是提高个人的工作效率,很多事情都完全在他们的个人天赋范围之内。

> **反 思**
>
> 你准备好开展远程工作或者混合式工作了吗?你具备相关的必要技能吗?你如果不确定自己是否准备好了,那么请参考附录1中的"远程工作准备情况评估"部分,在那里你会找到一些需要思考的问题。

如果你在阅读本书时处于想居家办公,但目前没有机会这样做的情况,那么你可以在附录1中的"申请远程工作或混合式工作"部分找到一些关于申请远程工作的建议。

>>> 要点总结 <<<

- 新冠肺炎疫情造成了远程工作数量的增加,这有助于各大公司认识到远程工作的潜力,也认识到员工对持续的远程工作机会有强烈的需求。混合式工作是一种由疫情引发的新型远程工作形式，员工有时在办公室工作，有时在家工作。

- 远程工作和混合式工作的范围非常广，从完全远程工作（完全没有面对面工作的时间）到只是偶尔一天在家工作。这意味着没有一个简单的最佳实践可成功应用于所有情况下的远程工作。我们不应将远程工作视为一种特定的活动，不同程度的远程工作需要不同的策略和方法。

- 远程工作既能带来好处，也能带来挑战。员工需要通过一定的策略来最大限度地利用远程工作的机会，同时克服潜在的困难。

- 远程工作者不需要学习一整套全新的技能，许多促使远程工作获得成功的技能就是那些我们早已熟知的、可以使职业生涯取得成功的技能。然而，这些技能可能需要员工以不同的方式加以使用。

- 远程工作和混合式工作的成功涉及技术和个人的行为习惯。混合式工作所需的技术与远程工作的非常相似，但我们也需要考虑一些重要的区别。并不是所有人都适合远程工作，有些人更喜欢传统的工作环境（或在传统的工作环境中更容易取得成功）。

| 第二章 |

远程工作实践要点：
为成功做好准备

每一个远程工作的员工或在家工作的员工需要做的第一件事情就是让自己在家里高效地工作。第一步是营造一个可以高效工作的居家办公环境。然而，在我们谈论这一点之前，员工需要考虑一个关键问题：你的远程工作程度有多大？

> **反 思**
>
> 你的远程工作程度有多大？远程工作不是单一的活动，这个概念涵盖从100%远程到偶尔远程的不同程度的远程工作。远程工作的程度越大，本书的一些建议就越重要，员工需要更高的关注度和意向来实现远程工作。同样，远程程度越大，上一章所确定的一些远程工作面临的挑战就越有可能成为现实。

远程工作的场所

人们很容易认为如果只是偶尔在家工作，就不需要专门的工作空间，可以在餐厅等临时空间开展工作。当然，如果只是偶尔在家工作，那么这没什么问题，但长远来看这并不是一个好主意。你会形成不良坐姿，而且不合适的桌椅会导致肌肉、骨骼等出现问题，比如背部疼痛或颈部劳损。与在办公室工作相比，远程工作更可能使员工久坐不动。因为工作时间不会被通勤打断，员工就会长时间地坐着，甚至没有步行到会议室的机会。

在厨房或客厅等"家庭空间"工作会模糊工作和生活之间的界限，而这可能是冲突或压力的来源，我将在后面的章节进一步探讨这个问题。只要有可能，远程工作者就应该为自己的工作活动创造一个专门的空间，并购买高质量的桌椅。一把高质量的椅子应该是有扶手的、可以支撑肩背的可调节座椅。

员工在坐着工作时，双脚应平放在地板上，眼睛与屏幕齐平，键盘和鼠标等工作工具应放在触手可及的地方。理想情况下，工作空间应该有自然采光，不会出现任何屏幕眩光的问题。这些都是简单的小窍门，但无论是在家工作还是在办公室工作，这些问题都经常被遗忘。同样值得考虑的一点是，我们对平淡无奇的办公室环境习以为常，而居家办公的空间却可以被设计得截然不同——远程工作者可以利用色彩、光线、植物或照片布置出一个舒适迷人的空间（当然也要考虑噪声问题）。

工作空间要设置在有自然采光的地方，以改善情绪，环境也要整洁。研究表明，在家中或工作场所堆积太多的杂物会提高压力荷尔蒙——皮质醇的水平。这意味着整洁的办公桌以及偶尔整理杂物都可以改善远程工作的效果。

不要低估打造一个良好的、舒适的居家办公环境的重要性——它事关工作效率,因此这也是远程工作成功的关键。

居家办公人士可能一坐就是一整天。这类员工应按时休息,或者伸个懒腰,让眼睛远离屏幕,这可以缓解疲劳和防止用眼过度。

远程工作空间还应确保个人隐私和数据的安全,包括遵守公司特定的规则和要求,任何人都无权查看远程工作者的设备或信息。员工要经常查看公司在这些方面的相关政策。

布置好合适的工作场所后,下一步就是确保无线网络的信号足够强——这是居家办公的先决条件。信号不好会严重限制一个人的工作效率,也会影响其专业形象。不幸的是,有时人们对此无能为力,因为网络信号的强度受一系列因素的影响。如果有可能,员工需要购买超高速宽带或增强信号的设备。

很多企业会制定有关居家办公和远程工作的制度和程序,内容通常包括相关职责和要求,远程工作者务必熟悉这些内容。如果需要明确上述制度和程序中的任何一点,那么员工可以寻求进一步的建议。除了正式的制度,很多团队或部门通常会自己确定有关远程工作的安排和规则。这些规则可能已经记录在案,也可能只是约定俗成,对于远程工作者来说,熟悉它们同样重要。

技术和数字工具

每个企业使用的居家办公技术都不尽相同。企业通常使用的技术包括：Zoom、Microsoft Teams（配有其他协助功能）等在线会议软件，Yammer、Workplace 等内部社交媒体平台，Slack、Teams 等非正式聊天软件，以及 SharePoint 这种可以协同编辑文件的软件。

随着时间的推移，这些特定技术都会升级改造。所以，任何企业在任何时间使用何种特定技术，与居家办公能否成功的关系并不大，更重要的是掌握全面的技术，以及保持更新技术的积极态度。新冠肺炎疫情暴发后，远程工作以及居家办公人数的增加使得新技术解决方案迅速迭代。许多企业还利用不同的技术解决方案为远程工作或混合式工作员工提供支持。

技术与通信相辅相成，我会在第四章进行更详细的探讨。当远程工作时，技术是沟通和协作的主要工具。因此，企业需要对技术的使用进行规划和组织，使其发挥最佳效果。本章稍后将讨论用于远程协作的各种工具，拥有良好的远程技术不仅仅是指使用最知名的远程会议平台。

在技术和数字工具应用方面，远程工作者需要做到以下几点：

- 了解新出现的技术并积极主动地进行学习和使用。
- 能够为特定的远程任务选择最佳工具——后文将详细讨论这个问题。
- 知道在何时通过相关技术来完成一项特定的任务，或者知道什么时候更适合采用非技术或低技术含量的方式，比如打电话或围在白板旁边进行讨论。
- 在适当的情况下帮助一起工作的同事使用远程工作工具，这有助于提高整个团队的工作效率，对员工个人也大有裨益。
- 在广泛使用相关技术的同时管理数字福利——这个问题将在第五章详细讨论。

> **反 思**
>
> 你所在的企业使用了哪些技术来支持远程工作和居家办公？你运用这些技术的能力如何？你有什么发展需求？如何满足这些需求？

布置好工作空间的下一步

布置好工作空间后，远程工作的基本设施就就绪了，下一步是考虑如何优化远程工作和混合式工作，包括如何适应我们都熟悉的基于办公室的传统工作结构。

贝克（Baker，2021）将工作分为四类：

- 在同一个地方一起工作（比如在会议室里共同协作完成一个任务）。
- 在不同的地方一起工作（同时工作，通过线上会议这样的虚拟技术来完成）。
- 在同一个地方独立工作（比如坐在开放式办公室里发邮件）。
- 在不同的地方独立工作（远程独立完成工作，比如居家办公或专注于深度工作）。

我们非常习惯第一种和第三种工作方式，其中办公室是默认的工作场所。正是在这种环境下，许多专业人士学会了如何在工作中取得成功。我们都知道如何驾驭这两种工作方式，如何在其中建立人际关系、开展活动、与他人进行沟通以及如何经营自己的事业。许多人可能还不太熟悉第二种工作方式，尽管在新冠肺炎疫情期间我们对此有了一些了解。我们想当然地认为在疫情期间，我们已经掌握了适当的远程工作技能。然而，我们应该重视这一点：危机情况下开展的远程工作与正常情况下的远程工作有着本质区别。

正如我们所看到的，很多人认为第一种和第三种工作方式是默认设置，或者认为其他工作方式没有那么高效，然而这样的想法是毫无根据的。

不同时期的混合式工作至少涉及上述四种工作方式中的三种，因此，成功的秘诀包括高效利用各种工作方式以及拥有在不同模式之间进行切换的能力（确定哪些工作应该在哪里做）。完全远程工作主要涉及第二种和第四种工作方式，而远程工作与混合式工作成功的关键在于运用第一章介绍的远程工作技能，高效地完成不同工作方式下的任务。

> **反 思**
>
> 你对哪种工作方式比较熟悉？你在哪种工作方式下已经取得了事业上的成功？你对哪种工作方式不太熟悉？你需要在哪些方面更多地关注自己的发展？

本书将探讨如何在这些新的工作方式下取得成功，并依次讨论每一种必要的技能。

建立虚拟关系

几乎所有工作都在某种程度上依赖于与他人的关系，包括与同事、同行、下属、客户或利益相关者的关系。工作中最重要的关系之一当然是员工和直属领导之间的关系。管理者有权力对员工进行嘉奖、表彰，并提供机会以支持他们的职业发展，因此，不论是远程工作还是同地协作，建立关系都是关键。

认为在虚拟世界中很难建立人际关系的想法是不对的。不过在此过程中，人们确实需要调整方法，而且目的性也要更强。远程工作者不能忽视闲聊的重要性。相比面对面会议，虚拟会议拥有更少的社交空间，例如人们无法在刚到达时或在茶歇时间聊天。但这些交流和互动可以帮助人们相互了解，从而建立人际关系。

为闲聊腾出点时间。你和你的同事可以提前几分钟开始会议，在签到的时候聊聊天，询问一下大家的近况，或者在会议中留出没有议程安排的时间。还有一种方法是为人际关系预留出时间，每周花些时间来建立和维系人际关系，这和完成与工作相关的活动和任务同等重要。

花时间去了解别人，也让他们来了解你。在自己认为舒服的、可以接受的范围内分享一点关于自己的事情。要想建立人际关系，信任也很重要，具体内容我将在第六章进行更深入的探讨。

> **小贴士**
>
> 下次与同事线上开会时，在讨论工作任务之前，你可以先有意识地关注一下人际关系，问问同事近况如何，周末过得怎么样，家人还好吗？留出一些时间来闲聊一下与工作无关的事情。直接进入正题是很容易的，但对闲聊时间的小小投资可以给人际关系带来实打实的好处。

> **小贴士**
>
> 为什么不为你的团队组织一次社交活动呢？试试"咖啡轮盘赌"吧——每周随机挑选一些同事一起喝咖啡，小憩一下，这有助于加强不常见面的员工之间的联系，建立新的关系。组织这样的活动可以帮你树立一个强大的合作者的形象，同时提高你的知名度。

人际关系与混合式工作

混合式工作既提供了面对面建立人际关系的机会，又允许员工用虚拟的方式建立关系。研究表明，当员工每周远程工作的时间超过 2.5 天时，这会对同事关系产生一定的负面影响（加坚德安和哈里森，2007）。因此，完全远程工作的员工或以远程工作为主的员工更加需要把重点放在建立人际关系上。对于混合式工作的员工来说，这就引出了另一个问题：居家办公与办公室工作的最有效分配比例是多少？这个问题既涉及工作关系，又涉及工作中的其他关键领域。

不幸的是，此问题没有简单的答案，因为人们的工作性质与所在的企业都各不相同。研究表明，从工作关系的角度看，两种类型的工作各占 50% 的分配比例是最理想的。然而，环境才是关键。

远程协作

第一章在讨论远程工作的技能时，谈到协作是成功的关键。协作是指人们为了实现一个共同的目标或目的而一起工作，或者分别完成一个大任务中的一项特定工作。在完全远程工作的情况下，这必须在虚拟环境中通过相关技术来完成。过去，人们如果不在同一个地点工作，就很难实现高效的合作。现在有许多工具可以支持我们进行有效的远程协作，但只有工具是不够的，远程工作者需要成为协作专家。

协作专家需要做到以下几点：

- 认真倾听。
- 多问问题，寻求理解。

- 对新想法和挑战持开放态度。
- 乐于分享，慷慨大方。
- 具有团队意识，而不是只顾自己。
- 善于沟通，经常与他人沟通。
- 乐于与他人合作。

这些能力和行为都不会因为远程工作而改变——只是实践性和"如何运用"会有所不同。利用在办公室工作的时间，混合式工作的员工将有机会做出慎重的选择，以实现面对面协作。而完全远程工作的员工可以通过前文提及的一些技术，进行线上虚拟协作。

> **小贴士**
>
> 关于虚拟协作有很多好的实践建议，其中大多数与主持虚拟会议或者参加虚拟会议的建议是一样的。请查阅第四章以获得更多信息和帮助。

为了实现有效的远程协作，员工应该考虑以下几点：

- 在团队中建立信任关系，这可以创造所谓的心理安全感，使人们勇敢地做自己，并分享自己的观点和感受。

- 创建虚拟协作空间，制定相关流程，并向所有人开放这一空间，同时考虑时间、技术和工作方式。
- 采用与协作方式相符的技术（参见下文的"远程协作工具"部分）。
- 确定通过协作来收获工作成果的最佳方法。
- 想办法让每个人都参与讨论和活动，尽可能地确保大家都发言，鼓励思想的多样性。

记住：协作不一定要当面进行才有效，也不一定要在同一时间进行。我将在第四章进一步探讨这一概念。不要落入陷阱——认为协作只能在同一时间面对面进行，那只是完成工作的一种方式而已。

你如果反思了这些问题，并了解了学习的必要性，那么请考虑一下如何获得额外的技能，从而确保自己成为一个成功的远程协作者。

远程协作工具

以下工具和技术可以为虚拟协作提供支持。然而，协作工具一直在更新和升级，其中有些技术是免费的，而另一些则需要签订合同或订阅。很多工具都可以免费使用，但其部分功能需要付费。

- 会议软件：MS Teams、Zoom、GoToMeeting。
- 短消息软件：Slack、Chanty、MS Teams、WhatsApp。
- 用于捕捉创意的软件：Mural、Miro、Padlet、Invision Freehand、Jamboard。
- 文件共享软件：Dropbox、MS Teams、Slack。
- 项目和任务管理软件：Trello、Slack、MS Teams、Chanty、Basecamp。

哪种工具最有效取决于团队特点和正在进行的工作类型。无论选择哪种工具，员工都应该合理地使用它。没有人愿意让工具数量超出手头任务所需——这会使工作变得更加复杂，并导致通知消息过多。

> **练 习**
>
> 你是一位高效的远程协作者吗？问问自己以下问题：
>
> - 你会在虚拟会议中提出自己的想法或意见吗？
> - 在主持虚拟会议时，你能自信地推进会议吗？
> - 你有信心在虚拟会议中发言吗？
> - 你能否熟练使用各种远程协作技术与工具？
> - 在远程协作时，你有没有自信做真实的自己？

- 在远程协作、处理干扰事项以及避免出现多任务的过程中，你能做到有效倾听吗？
- 你是否对在线共享空间中的讨论和活动做出了贡献？
- 你能否积极帮助你所在的团队建立互信且有效的人际关系？
- 你会通过问问题来获得知识吗？
- 你能很好地应对挑战或分歧吗？

小贴士

为成功做好准备

如果把家作为主要的远程工作基地，那么你要和所有与你一起住的人好好谈一谈。谈话内容可能涉及彼此的共同期望以及基本规则的设立，让每个人都清楚地了解这些内容，从而避免误解或冲突的产生。如果你以前从来没有在家工作的经历，这一点就更为重要了。

在进行远程工作之前，妥善安排孩子的照顾或其他护理事宜。你无法一心二用，许多企业也对此明令禁止。

了解你的老板，和他聊一聊他的工作期望、工作方式，以及彼此最好的沟通方式。

远程工作需要各种系统与技术的支持，看看你所在的企业是否提供相关培训。采取适当的措施以确保你能够充分利用相关技术。

确保自己了解企业中与远程工作相关的制度或程序。向你的经理咨询一下所在地的工作方式，看看是否有文件记录。

看看企业是否会为居家办公的员工提供家具，或者给予购买家具的补贴。即使没有，个人进行这样的投资也是值得的。

如果你是一名新员工，但公司却没有入职指导，那么在入职的头几个星期或头几个月里，你要请一位老员工或者搭档来带带你。很多企业都有"老带新"这样的指导方案，所以你要咨询一下内部学习与发展部门。这样就有一位同事来为你答疑解惑了。

新员工需要进行自我介绍，让人们知道你是最近才加入公司的，并且你希望有机会与他们见面，更多地了解他们的工作。

想想你在什么时候效率最高——可能不是在传统的办公室工作模式下。传统的办公室工作模式通常是朝九晚五，有一个小时的午餐时间。关于这一点，附录1中的"确定个人的工作效率"部分会有更多的指导信息。

找出你在时间规划管理方面遇到的挑战，尝试找出最适合自己的方法和技巧。如果想获得更多信息，请阅读第三章。

> 考虑通过相关工具来提升组织能力、优化能力。除了笔记本和待办事项清单，市面上还有一系列支持时间管理的应用程序。
>
> 专注于提高你的协作技能，并确保你能够高效地运用这些技能。
>
> 关于远程工作需要避开的陷阱，附录1中提供了更多的细节。

>>> 要点总结 <<<

- 建立一个舒适宜人的居家工作空间非常重要，这有助于提升幸福感和生产力，这也应该引起远程工作者的重视。但要想获得成功，远程工作者还需要建立人际关系、进行高效协作以及运用相关技术。

- 技术是关键——远程工作与混合式工作的员工需要确保他们可以熟练运用企业正在使用的任何技术。随着时代的发展，这些技术也不可避免地要随着时间的推移而发生变化，因此员工需要与时俱进。

- 远程工作或混合式工作的成功没有单一的方法——即使是经验丰富的远程工作者，也需要根据企业文化以及特定的工作环境来调整工作方法。

| 第三章 |

个人生产力与工作效率

一些管理者担心居家办公会降低员工的工作效率,而且担心不在办公室工作,也没有面对面监督,员工会借机少做一些工作或者偷懒。然而,许多办公室环境其实充满了干扰,并不一定适合神经敏感群体。相反,远程工作有助于员工集中注意力,这对那些需要深度工作的人来说尤其有帮助。

工作效率是一个个人化的概念,某种方法可以提高某个人的工作效率,却不一定适用于他人。从很多方面看,工作效率是一种感觉。有人可能觉得处理完所有邮件,或是完成了待办事项清单上的所有任务,才可以说自己很有效率;也有人觉得想出一个绝妙的想法就意味着很有效率。

反 思

在目前的工作岗位上,工作效率对你来说意味着什么?你能定义它吗?你如何才能知道某一天的工作是否高效呢?你的公司或部门经理如何定义工作效率?基于自身和自己所在的职

> 位来定义、认识工作效率，是实现工作效率最大化的开始。附录 1 中的"确定个人的工作效率"部分提供了更多关于认识个人工作效率的指导信息。

尽管有些工作更容易通过易于观察的关键绩效指标进行衡量，但衡量生产力并没有单一的方法。在家工作需要员工具有组织能力和自我激励能力。个人要对自己的表现和自己的时间负责，不需要对管理者负责，至少短期内是这样的。对一些人来说，这是很自然的事情，而其他远程工作者则需要付出相当大的努力和时间才能做到这一点。附录 1 中的"确定个人的工作效率"部分提供了一些建议，可以帮助远程工作者反思自己的工作效率，看看在何时何地自己的工作效率最高。

重新思考时间

远程工作让我们可以做一些根本性的事情，它让我们重新思考时间的真谛。关于远程工作的最早定义是由学者曼瑟·奥尔森（Mancur Olson）提出的，他认为远程工作指的是"在传统工作场所和正常工作时间之外开展工作"。那时，各种技术刚刚起步，无线网络的应用仍在遥远的未来，远程工作不仅与工作场所有关，还与时间有关。

工作通常是按照时间节点推进的，比如开始时间、结束时间、休息时间和午餐时间。员工的工作时间通常会在雇主提供的雇用合同这样的正式文件中有所规定。有些公司会采用轮岗制、轮班制或弹性工作制。许多公司要求员工在上下班时打卡，或者通过衡量完成任务所需的时间来计算员工的工作时间。在管理理论中，管理者对时间的关注由来已久，其核心思想是工作和时间是相关联的。当然，这并不一定是事实，但默认的工作日以及与之相关的其他观念开始形成，并普遍深入人心。理解这些观念，知道如何与之共存，并适当地对其提出挑战，这些都有助于远程工作取得成功。

标准的八小时工作制是对工业革命的倒退。那时，工作要在特定的场所和时间内完成，时间、工作任务以及工作场所紧密联系在一起。今天我们在日常生活中习以为常的技术，在当时还不存在。数字技术的出现帮助人们将工作任务与时间和地点分离开来，只是有些人没有这样做。早在1998年，达文波特（Davenport）和皮尔森（Pearlson）在《麻省理工学院斯隆管理评论》（*MIT Sloan Management Review*）上发表了一篇文章，他们指出：工作正在变成"你做的事情，而不是你去的地方"。直到2020年，这一预测才开始变为现实。

典型的工作周通常为五天，每天八个小时——朝九晚五或差不多的时长，中午通常会有一个小时左右的休息时间。这种类型的工作（在远程工作成为可能之前）以上下班通勤为节点，与生活中的其他部分分隔开。在规定时间之外，即在上班前或下班后工作的人，在某种程度上会被视作"另类"，有时会被他人说闲话，或者被看不起。

后文将讨论更传统的时间管理模式，但首先我们要考虑一下，远程工作如何让人们真正地重新思考工作时间。

人们经常将出勤和业绩、时间和工作效率混为一谈，但这种说法不一定正确。我们可能坐在办公室里，紧盯着笔记本电脑，却做不出任何有意义的业绩；我们也可能长时间坐在办公桌前，但实际上收效甚微。

要想改变大众的时间观念，我们需要放下那些过时的观念，比如什么是好员工以及在哪里完成工作。这样我们才能最终发掘出远程工作的潜力。当然，事情没有那么简单。并非所有公司或所有管理者都愿意以这种方式考虑时间问题，许多远程工作者必须在公司要求的时间范围内工作。然而，在拥有自主权的情况下，远程工作者可以抓住机会，打造一个适合自己特殊情况的个人工作时间表。

记住：

时间 ≠ 工作效率
出勤 ≠ 业绩

克里斯·戴尔（Chris Dyer）和金·谢泼德（Kim Shepherd）在他们撰写的一本关于远程工作的书中建议：把通过远程工作获得的额外时间看作礼物，用其丰富我们的生活或提升个人幸福感。但我们如果这样做，就不得不挑战自己的一些观点和偏好，尤其是在我们应该如何表现以及如何努力工作方面做出一些改变。记住帕金森定律：在规定的工作时限内，工作量会一直增加，直到所有可用时间都被填满。我将在第五章探讨幸福感，如果你没有安排好自己的工作时间，那么远程工作就会扩展到家庭生活中。

本章剩余部分将详细探讨如何安排工作时间。在阅读相关建议和材料时，远程工作者要记住个性化工作模式——个性化程度越高，员工对工作的满意度就越高，幸福感和工作效率就越可能得到提升。

除了重新思考时间问题，远程工作和混合式工作也让我们从根本上思考怎样才算干好了工作。人们往往将干好工作与长时间工作联系在一起。相反，我们应该认识到，干好工作与个人业绩、贡献、创造的价值和成果有关。这也是一种思维方式的转变。

反 思

你的最佳创意在哪个地方诞生？办公桌前、办公室，还是

> 其他地方？如果这些创意不是在办公桌前产生的，那么当时你在工作吗？有些人会在锻炼、休息甚至洗澡的时候想出好点子。伟大的工作不一定要在办公室完成，甚至不一定要在办公桌前完成。

时间管理

简单来说，时间管理与我们组织活动的方式有关，同时要确保特定的工作任务有恰当的工作时间。也就是说，我们要慎重利用工作时间并对其加以控制。时间管理听起来很简单，但却不是每个人都能掌握的技能。正如我们已经确定的那样，时间管理是开展远程工作的关键。如果没有人管理员工的时间（这通常是管理者的工作），也没有那么多工作时间可以分配（比如赶地铁、公交车的时间，或固定的午餐和休息时间），远程工作者就必须自己管理时间。当居家工作时，员工还要处理家中存在的各种干扰，比如收到了快递，或其他家庭成员制造了噪声等。

在时间管理方面，不同的人有不同的困扰。很多人觉得远程工作面临的干扰太多，或工作量太大（接了太多的任务）；另一些人则觉得自己难以提前做好计划，或者无法分清工作的轻重缓急。

> **反　思**
>
> 你的时间管理效果如何？当远程工作时，你在时间管理方面遇到过哪些不同寻常的挑战？你在时间管理方面需要克服哪些困难？你是如何解决的？

拖延是一种常见的时间管理问题。拖延者往往把需要做的重要事情拖着不做，即使知道这会给自己带来许多麻烦，他们也喜欢把事情拖到最后一分钟。拖延还包括为了当时感觉更有趣的、更令人兴奋的或者不那么重要的事情而推迟做重要的事情，比如为了刷社交媒体而推迟撰写重要的报告。

拖延的发生有几种原因。有些人是完美主义者，他们认为开始一项任务不难，难的是圆满完成任务，这是因为他们对细节过于精益求精。有的拖延症患者则是在逃避任务，因为他们担心这件事，担心自己没有能力完成任务或者可能犯错。还有一些拖延症患者只完成一些迫切的或"火烧眉毛"的任务。拖延可能是一个人一直存在的问题，也可能只出现在某项特定任务或活动中。

> **反　思**
>
> 你会对什么事情拖延？哪些任务一直留在你的待办事项清单上没有完成？你为什么还没有完成这些任务？在什么情况

> 下你更容易拖延？了解与拖延有关的个人倾向是解决问题的关键。

我们有各种各样的工具可用于管理时间，从待办事项清单到在线工具，不一而足。但没有一种时间管理工具适用于所有人。因此要想管理好时间，远程工作者需要做到以下两点：

- 了解自己在时间管理方面的具体困难。
- 在远程工作时尝试不同的时间管理方法，确定最适合自己的方法。

有效的时间管理是指更高效地工作，而不是更努力地工作或更长的工作时间。

时间管理技巧

试试下面这些简单的技巧，以提高你的远程工作效率。这些技巧在办公室工作中也很有用。然而有些方法，比如"番茄时间管理法"（具体方法见下文"练习"部分），在员工独立工作时对提高注意力和时间管理效果特别有帮助。

首先，远程工作者需要提前规划一天的时间。这对于混合式员工来说尤为重要，他们会发现自己的远程工作时间与在办公室的工作时间大不相同。有效的时间管理包括以下四点。

确定优先次序。放在第一位的事情应该是自己认为最"火烧眉毛"的任务，而不是他人认为紧急和重要的任务，也不是那些已经拖了很长时间的任务。一份标准的待办事项清单可以帮助你解决这个问题，但前提是按重要性对任务进行排序。

追踪时间。要想在远程工作中有效地管理时间，员工就要确定时间花在何处，浪费在何处，以及在何处没有被最大化利用，这是非常关键的。

分配工作。远程工作者需要知道他们应该做哪些工作，哪些工作需要转交给同事或团队成员去做。

管理干扰。在家工作可能会遇到很多干扰，这是时间管理的一部分，员工需要克服这些干扰才能提高工作效率。当然，在办公室工作也会遇到很多干扰，它们与在家工作所受到的干扰在本质上有所不同。

练 习

番茄时间管理法

这是由弗朗西斯科·西里洛（Francesco Cirillo）创立的一种时间管理法，以当时使用的一个形状像番茄的厨房计时器命名。

> 在准备执行某项任务时,你要避免所有干扰,比如电子邮件或消息通知等。设定一个番茄钟(定时器),时长20分钟,在这段时间内完全专注于手头的任务。当番茄钟响起,休息10分钟。至少重复3次"番茄工作制"。尝试不同的时间长度以确定最佳的个人工作时间管理模式。
>
> 这项练习旨在提高专注力,在远程工作中(相比办公室环境)更容易进行实践,因为在办公室环境里我们很难避开干扰。

一些远程工作者发现使用一些时间管理工具以及提高工作效率的工具或应用程序很有帮助。市面上有各种各样的产品,针对特定的个人及其工作方式,有些产品可能比其他产品更有效。你可能感兴趣的应用程序有以下几种:

- Focus Keeper:与番茄时间管理法类似,该应用程序具有定时器功能。
- Toggle:帮助你确定时间花在何处。
- MindNode:帮助你直观地记录想法和观点。
- MyLifeOrganized:用于管理任务、待办事项和目标。
- Focus@Will:使用专门设计的音乐来帮助你集中注意力,

这对那些患有注意力缺陷与多动障碍症的人特别有帮助。
- Evernote：这个工具能将文件和笔记全部云端化，这样你在任何地方都能访问。
- Pocket：用于保存和整理基于网络的内容，便于你后续参考。

移动设备上也有一些应用程序和功能，你可以暂时关闭来自应用程序的通知，或者当你在特定网站、平台上花费过多的时间时，设备就会发出警报提醒。

远程工作员工和混合式工作员工也可以用"时间块"来管理时间。这就是有意识的日程簿管理——在日程簿中设定时间段来完成特定的任务。这段时间应与工作任务相匹配，时长应足够保证员工取得有意义的进展，但也不应该过长。

小贴士

你要善于管理日程，确保自己有休息和思考的时间。在日程中标出你不接受任何会议的时间，如果你不把时间留出来，别人就会占用它！你如果做了时间限制，就要告诉别人（比如你的老板）你的安排以及相关原因。

后文将探讨在线可见度对你的声誉和职业发展的重要性。然而，你需要平衡集中精力的时间和按计划工作的时间。提高可见度很重要，但你需要平衡不同类型的工作，高效安排时间，而不是"一直在线"。

休息一下

合理规划工作还包括规划休息时间，正如前文强调的，理想的休息时间应该出现在日程簿中，而且时间要充足。休息有助于员工更好地集中注意力、保持身心健康，并恢复因工作而消耗掉的精力。我们恢复精力的方式有两种：一种是小憩，比如短暂离开办公桌几分钟，舒展一下身体或者散个步；另一种是更长时间的休息，比如节假日和周末。每个人都需要这两种类型的休息，而且在休息时要实实在在地脱离与工作相关的元素，单纯地离开办公桌，但继续在另一台设备上查看工作信息并不是休息。

工作时间

在远程工作时，设定一些固定的或规律的工作时间会很有帮助。事实上，一些有关远程工作的建议表明，跟传统的办公室工作时间保持一致是件好事，因为这有助于你获得有价值的时间分配结构，划清工作和生活之间的界限。然而，这种方法并非适用于所有人，工作效率、幸福感、工作方式都是根据不同情况因人而异的。

合理规划工作时间能让人形成一种生物钟,这有助于远程工作员工知道何时停止工作,进而平衡好工作和生活。然而,工作时间不必是传统的朝九晚五,混合式员工也不必按照传统的办公室工作时间来安排工作。同样,员工在远程工作时,也不一定要遵循办公室的工作模式,比如在一天中休息一个小时,远程工作可以实现个性化。但人们习惯于朝九晚五的八小时工作制,这个习惯可能很难改变。同时,员工既可以灵活安排时间,也可以灵活安排地点。

无论选择何时工作,最好不要熬夜。居家办公时,熬夜工作可能很有诱惑力,但这会刺激我们的大脑,特别是在工作时使用发出蓝光的设备。这会产生负面影响,比如影响睡眠,让我们无法恢复精力。睡眠不足意味着我们没有得到足够的休息,无法在第二天有效地工作。

反　思

你什么时候工作最高效?什么样的工作时间安排最适合你的工作方式和工作类型?你是否需要有人来批准你在这些时间工作?

管理好混合工作时间

当团队在一个办公环境中工作并默认在那里共同工作时，我们没有必要从战略上考虑员工在什么时间做什么类型的工作。我们要做的可能只是回复收到的电子邮件，亲自到场开会或按顺序处理待办事项。当工作完全远程时，情况可能也是如此。

在混合式工作中，员工有时在办公室工作，有时在家工作，因此还有其他复杂因素需要考虑。我们必须做好规划，想好在什么地方以及什么时候做什么工作。当以混合方式工作时，对不同的工作做好安排会大有裨益。有的工作需要独立完成或高度专注地完成，那就在家完成此类工作；而有的工作需要团队协作或员工之间进行交流，那就在办公室完成此类工作。混合式工作与传统的办公室工作相比，需要更多的规划和专注力，具体内容我将在后文进行详述。

当远程工作时，员工可以相对灵活地安排时间，不仅要考虑在何处工作，还要考虑何时工作。没有了通勤和死板的工作时间，员工能实现更大程度的个性化工作。

当以混合方式工作时，多花点时间提前做好下周规划有助于员工优化自己的工作时间和效率。对于有经验的专业人士来说，制订计划似乎没有必要，但这可以帮助我们厘清工作头绪，分清轻重缓急，提高工作效率。

混合式员工应根据工作性质和个人的工作方式，仔细考虑哪些时候适合在办公室工作,哪些时候适合远程工作。一些员工在这方面可以自主决定,而有些员工则无法自己决定。混合式工作的时间表应该是固定的还是灵活的?

每周以同样的模式工作

- 向同事和其他相关人员提供的信息是确定且一致的。
- 可以定期开展线下或线上会议和活动。
- 提供时间分配方案,划清工作与生活的界限,进而平衡好工作和生活。
- 员工能够在家里有效地做好看护老人和孩子的工作。
- 更易于管理者进行工作协调。
- 更易于员工做好个人工作规划。

但是这样的时间表可能会过于死板,比如即使在不必要的情况下,员工也必须去办公室工作。这类时间表也可能导致员工只能与遵循同样的时间安排的同事进行协作,而不能与更大的团队开展合作。

灵活的时间表

- 员工在时间安排上可以更加灵活，以适应公司的需要，这不仅对他们自己有好处，也可以使整个公司受益。
- 公司可以给予员工更大的自主权，这有利于提高员工的参与度，激发他们的工作动力。
- 没有必要把大量时间浪费在通勤上。
- 为员工提供更多的个性化和自主权。
- 提供与团队中其他同事进行交流的机会（尤其是当每个人的工作时间都不同时）。

由于时间不固定，周五不去办公室可能很有诱惑力——这一天一直是一个受欢迎的在家工作的日子。然而，对于公司、其他同事或相关人员来说，这可能不是最好的一天。混合式员工应该仔细考虑自己的时间表——它没有"最佳"规划，只有根据实际情况制订的最合适的时间规划。

以下是相关因素：

- 个人的工作偏好和工作风格。
- 岗位以及对应的职责和责任。
- 生产力和效率。

- 团队、经理、客户和其他相关人员。
- 工作和生活的平衡以及幸福感。
- 工作环境的适宜性（无论是在家还是在办公室）。

有时，这些不同的因素会保持一致，但有时也会不一致，员工需要做出妥协。混合式员工应考虑以下几点：

- 哪些公司或团队要求员工在办公室工作？
- 考虑上文列出的不同因素，什么样的时间表最适合你？
- 你在哪里工作效率最高或能创造最大的价值？
- 不同任务分别适合哪种工作环境？
- 其他同事在什么时候工作？
- 长远来看，什么样的工作模式有利于你实现事业和专业上的成功，例如哪些日子有利于学习、发展或获得机会？
- 什么因素对管理者有用，并且可以帮助他与员工建立良好的关系？
- 什么样的时间安排以及地点安排适合你？
- 什么样的时间安排能让你与同事或其他主要相关人员有最多的接触？
- 你的日程安排是否需要事先经过其他人的同意？

> **反　思**
>
> 你在哪里可以高效地完成哪些任务？如果你以混合方式工作，那么你的哪些任务最好与他人一起完成或在办公室里完成，哪些任务最好远程独立完成？

> **练　习**
>
> **确定有效的混合式工作模式**
>
> 混合式工作有多种形式，比如一半时间在办公室工作，一半时间远程工作，或者每周、每月都改变工作模式。有些混合式工作可能主要在家里进行，员工只有一小段时间与同事共处。一些员工在决定自己的混合式工作模式时，比其他员工有更多的自主权。制定一个最佳时间表可能需要反复试验。
>
> 考虑一下下面这些问题，这会帮助你确定合适且高效的混合式工作模式：
>
> - 关于日程安排，哪些可以自己安排，哪些需要与你的主管商定？
> - 你觉得自己何时何地效率最高，工作最有成效？
> - 你可以高效地在家里完成哪些方面的工作？
> - 你可以在办公室或与他人共处一地工作时高效地完成哪些方面的工作？

- 在办公室工作时，你或你的工作可以从哪里获得价值？
- 哪些任务适合独立完成，哪些任务需要协作完成？
- 你如何相应地安排工作？

混合式工作团队的管理者应仔细考虑是使用固定时间表还是灵活时间表。一般来说，公司为员工提供的自主权越大，员工的敬业度、积极性、幸福感就会越高。但公司不可能给予员工很大的自主权，这取决于员工所从事的工作类型以及公司的需要。在制定混合式工作时间表时，无论公司做出什么样的决定，透明度都是关键。为了确保员工感到自己受到了公平的对待，管理者应该与员工分享所有相关的公司制度，并明确解释为什么采取混合式工作制。最重要的是，员工应该清楚地知道公司对自己的期望是什么。

提高专注度

专注

专注有助于提高注意力。尽管专注并不是一个新的概念，但近年来专注正变得越来越流行。从本质上讲，专注意味着完全聚焦于当下。专注力练习旨在帮助个人更加了解自己的感受和情绪，而不加任何评判。觉知呼吸是一种将注意力集中于此时此刻的方法。

研究发现，专注可以帮助远程工作者"脱离工作"，但至关重要的是还可以提高他们对工作任务的专注度。专注力练习可以帮助远程工作者协调不同事项对注意力的争夺，阻止思绪乱飞，从而集中注意力。这并不是专注力练习的唯一好处，专注力练习还有助于人们减少消极想法和悲观情绪，提高幸福感和心理健康程度。然而，专注并不是灵丹妙药，人们需要定期进行练习，以获得最大的益处。对于那些已经认识到自己需要帮助才能集中注意力、不分心的远程工作者来说，定期进行专注力练习有显著的效果。

网上有很多免费的或者很便宜的工具，你可以通过一些应用程序来学习简单的专注技巧。简单的专注力冥想练习（有些只持续几分钟）可以帮助远程工作者将注意力集中到当前的想法和感受上，从而提高专注度。

小贴士

在线搜索专注力方面的播客或冥想练习，尝试不同的方式，看看它们能否帮助你提高专注度和注意力。

动力

远程工作和动力通常是相辅相成的。远程工作本身就具有很大的自主性，员工基本不用一直看着时间等待下班，也不需要别人来监督，往往只对自己的时间表负责。我们可以从丹尼尔·平克（Daniel Pink）的开创性著作《驱动力》（*Drive*）中了解到，人们的动力不一定都源于金钱和奖励，也可能源于自主性、掌握能力（提高技能或增强技能的能力或欲望）和目的（做有意义的事）。自主性是指自我指导和独立自主，特别是指能够自由选择工作方式。简而言之，大多数人都不喜欢上级事无巨细地管理自己，也不喜欢上级对自己的指示太细节化。

然而，尽管许多人喜欢远程工作或居家办公，但这并不一定意味着他们会一直动力十足或充满干劲。远程工作者需要自我激励，尤其是面对高度独立的远程工作任务时。动力是一个相当个人化的概念，激励了某个人的东西不一定能激励另一个人，这也说明远程工作者需要一定的自我意识。以下这些简单的技巧可以为远程工作者提供帮助：

- **每天、每周都给自己制定一些目标或挑战**。当完成这些挑战时，你会有很大的成就感。
- **安排好休息时间**。这可以带来幸福感，也有助于恢复能量，避免感到疲劳。

- **在工作周安排一些学习任务**。这能让我们感觉到自己在进步、提升。
- **复盘**。花点时间反思一下一天或一周中哪些事情进展得较顺利，给自己一点积极的心理暗示，刻意犒劳一下自己，这都能让心情变好。
- **"吃青蛙"**。这是一种常见的时间管理法——这种时间管理法的理念是，如果你必须吃掉一只青蛙，那么你最好赶快吃，赶紧搞定。要是总有未完成的工作悬在心头，我们会失去动力。
- **做一些令人愉快的事情**。在家工作为员工提供了在办公室工作所没有的机会，比如可以在午餐时间散散步或进行体育锻炼，利用原来的通勤时间做一顿健康的午餐或培养一种爱好。
- **当圆满地完成了一项任务时，奖励一下自己**。短暂地休息一会儿，喝一杯上好的咖啡，甚至只是做一些简单而愉快的事情也能激发动力。

> **练 习**
>
> ### 获得动力
>
> 你如果在远程工作时经常感到缺乏动力，那么花点时间想想为什么会出现这种情况，以及是否可以做些什么来使自己更

有动力、更有目标。问自己几个问题：

- 我可以向谁寻求建议和支持？
- 现在有什么事情可以让我更有动力？
- 我今天可以采取哪些小步骤来促使自己更有动力？
- 我可以养成哪些习惯来提高动力？

尝试一下不同的工作习惯和选择，看看什么方式最适合你。

避免分心

正如上文已经讨论过的，在家工作的远程工作者需要避免在工作时走神。对于许多在办公室工作的人来说，这并不是一项新技能——可以说，办公室工作比远程工作更容易让人分心，尤其是在开放式的办公室里。在家里，让员工分心的因素则完全不同，干扰可能来自其他家庭成员、邻居，或者员工收到了各种电子通知。

避免分心并没有最佳实践方法。让一个人分心的事未必会让另一个人分心。避免分心的方法可能对一些人有用，但对另一些人没用。例如，有些人认为背景音乐对专心工作有帮助，而另一些人则认为它很烦人。我们分心的程度，或者我们能够避免分心的程度，也会受到我们在特定时间所做的工作类型甚至自身性格的影响。

> **练习**
>
> ### 避免分心
>
> 远程员工和混合式员工可以尝试各种方法来避免分心，以确定什么方法对自己有用。你可以通过以下问题来寻找答案：
>
> - 在远程工作环境中，你会受到哪些干扰？
> - 你如何控制这些干扰呢？
> - 你可以做些什么来避免某些特定的干扰？
> - 什么东西有助于你集中注意力？
> - 为了避免在远程工作时被打扰，你需要采取哪些措施？
> - 为了避免在远程工作时分心，你需要别人做些什么？
>
> 回顾一下本章讨论的与专注度和时间管理有关的其他技巧，以帮助你避免在远程工作时分心。

››› **要点总结** ‹‹‹

- 远程工作或混合式工作可以让我们重新思考时间问题。我们可以根据个人偏好和风格来合理安排工作，进而获得幸福感，同时平衡好工作与生活。
- 出勤、工作时间和效率不是一回事，但它们经常被混为一谈。
- 工作效率是个人化的。不同的建议、方法和技巧都可以帮助我们提高工作效率。远程员工和混合式员工需要反思自己的个人工作效率、工作偏好以及工作风格，并根据具体情况确定适合自己的工作方式。
- 时间管理是远程员工和混合式员工必备的一项关键技能，因为没有办公室环境以及依靠日常通勤所形成的时间分配结构，他们要对自己的工作时间负主要责任。
- 远程员工和混合式员工还要注意提高工作动力，控制各种干扰。每个人都有很多提高工作动力的方法，对远程员工和混合式员工来说，首先要有自我意识和反思能力。
- 混合式员工与远程员工所面临的挑战有所不同：混合式工作涉及不同时间在不同地点工作，这要求员工合理计划和安排自己的工作，以确保在任何地方都可以高效地工作。

| 第四章 |

沟通与协作

从根本上说，沟通意味着分享信息并形成共同理解。无论是在办公室工作还是远程工作，学会与人沟通都是职场中的一项必备技能。在办公室工作时，沟通可能是自发的、临时的，而且一般来说，线上沟通和面对面交流相结合。在远程工作时，无论是发送电子邮件、转发信息还是参加线上会议，沟通基本都是通过网络进行的。在线沟通有许多不同的方式，比如发送电子邮件，发短信，用 WhatsApp 发消息，在社交媒体上更新动态或者发个表情、点个赞。我们通过各种网络渠道来传递信息，而这会造成信息膨胀，我们需要对这些信息进行甄别。这些不同形式的信息都有各自的规则，正式程度不同，它们存在一些细微的差别。

远程沟通与面对面沟通有本质上的不同，前者的肢体语言和非语言信号减少了，非正式的、随意的交流也减少了。这些线索的缺失，加上远程工作者基本是通过文字进行沟通的，一些误解很容易形成，话语中的情感也不复存在了。在远程工作中，团队中的沟通者需要注意这一点，相应地调整沟通方法，将这种风险降至最低。

因此，远程工作者不仅需要具备出色的沟通技巧，还需要管理工作过程中流向自己的、大量的、不同的沟通信息。在远程世界里，无论是收发信息还是运用其他媒介，我们的沟通都需要谨慎。远程工作的成功需要个人掌握处理这些问题的策略。

要想成为一名优秀的远程沟通者，员工需要做到以下几点：

- **善于倾听**。"倾听"听起来像是一种我们都具备的技能。但实际上，并不是每个人都能做到有效倾听。你可能身处谈话现场，却没有好好听他人说话（想想参会者显然在同时处理多项任务的线上会议）。在日常生活中，我们要想做到有效倾听，会面临许多障碍，科技就是非常大的问题。
- **学会提问**。提出好的问题可以引出有效信息，从而使双方产生共同理解，促进思考和反思，还可以帮助我们了解他人以及他们的观点。所有这些都对沟通有帮助。
- **及时反馈**。出色的沟通者可以及时地、建设性地提供有意义的反馈。
- **学会运用肢体语言**。很多时候，我们会进行非语言沟通，包括我们的肢体语言、眼神交流和说话语气。
- **选择合适的沟通媒介**。确定何时何地如何使用何种沟通方式，也是沟通技能的一部分。

- **把握过度沟通和沟通不足之间的微妙平衡。**
- **思考沟通过程中的每个阶段。** 优秀的沟通者会考虑他们作为信息发送者的职责以及作为接收者的需求。无论是书面沟通还是口头沟通，也无论是正式沟通还是非正式沟通，人们在沟通时都需要小心谨慎。优秀的沟通者能够通过与别人进行沟通，和对方产生共鸣，减少误解，并解决沟通障碍。良好的沟通不是一蹴而就的，它需要经过合理的计划和管理才能实现。

> **练 习**
>
> ### 培养沟通技巧
>
> 你的沟通技巧是否可以帮助你实现有效沟通？与面对面沟通相比，你认为远程沟通有什么特别的挑战吗？你在哪些方面需要提高？如何解决这些问题？你如果无法确定，那么可以考虑以下问题。
>
> - 你是否可以通过各种沟通工具来进行沟通？
> - 你是否了解同事和经理的沟通偏好？
> - 如果你所在的工作团队分布在全球各地，那么在沟通时你是否会考虑时差问题？
> - 你是否思考过最佳的信息沟通方式（比如电子邮件、即

时通信系统或线上会议）？

- 在进行沟通之前，你会考虑可能出现误解或误传的情况吗？
- 你是一位优秀的线上发言者或线上会议主持人吗？
- 你能否意识到在远程环境中进行沟通的潜在挑战？你能否积极采取有效措施来应对这些挑战？

你如果对这些问题中的任何一个的回答是否定的，就要考虑一下自己需要做些什么来解决这个问题。

适合你的沟通方式

要想成为一个合格的沟通者，你一定要根据沟通的内容或活动来选择最恰当的沟通方式，这一点尤为重要。你需要考虑许多因素：首先，很关键的一点是选择与对方同步沟通还是异步沟通（下文将进一步讨论）；其次，选择沟通媒介，是使用精益媒体还是富媒体。精益媒体通常能实现快速沟通，但传达的信息和背景知识较少，比如发送文本消息；而富媒体能承载更多、更深层次的信息，比如发送视频。通常来说，从沟通媒介丰富性的角度看，面对面沟通的得分最高，所以人们往往认为面对面沟通是最好的，但事实并不一定如此。真正重要的是根据当时的情境、受众和信息本身，选择最佳的沟通方式。信息可以简单，也可以复杂，或紧急或常规，或传递情感或中性，这可能都需要信息发送者进行解释和处理，也可能需要信息接收者花时间去反思和思考。因此，在选择沟通方式时，员工应把所有因素都考虑在内。

简单来说，异步沟通是指不实时进行的通信，一般通过精益媒体进行，包括电子邮件、信息使用平台、博客，或通过共享办公文档使多人在不同时间协同处理工作。在异步沟通中，回答问题或询问信息不一定是即时的。相比之下，同步沟通（也叫即时沟通）是指员工在一起工作时互相沟通，比如开会。同步沟通一般通过富媒体进行。

此外，员工还要根据人们如何处理所沟通的信息来确定哪种沟通媒介才是最合适的。根据沟通过程，沟通分为两类：传达信息和传达意义（丹尼斯等，2008）。传达信息是指信息的传递，可以通过精益媒体来实现，主要是为了告诉人们需要知道的事情。传达意义则更为复杂，涉及讨论、处理和达成一致，包括人们之间的互动和对话，还有意义创造。有些信息只涉及信息的传达，有些则是这两种类型的结合。总之，传达信息适合使用精益媒体，而传达意义则需要富媒体。

因此，最合适的沟通媒介才是最有效的。不可避免的是，我们在确定哪种沟通媒介最有效时，需要综合考虑信息发送方、信息本身和信息接收方。通常情况下，我们需要两种或两种以上的沟通媒介，例如，线上会议提供了丰富的同步信息，也提供了评论和提问的异步空间。没有哪种媒介或方法可以满足所有沟通需求，而且沟通需求也会随着时间的推移而发生变化。

远程沟通带来的挑战

远程沟通带来了一些特殊的挑战，包括以下几点：

- 信息接收方在接收信息的过程中可能会同时处理多项任务，从而无法仔细倾听信息。这种情况在召开线上会议时尤为常见。
- 远程沟通会造成误解，因为没有其他线索来帮助双方进行理解。这种情况在电子通信中尤为常见。
- 沟通信息超负荷（不同的媒介都发来信息和通知，从而导致信息过量）。
- 网络异常或技术故障。这可能会导致回复延迟或无法发送信息。
- 员工之间没有完全建立线上关系，团队凝聚力、向心力不足。
- 无效的虚拟会议。这可能是因为没有制定好会议规则、出现技术问题或参会人数过多。
- 混合式团队有可能出现员工获取的信息和知识不平衡的现象，也就是说，相比经常远程工作的员工，经常在办公室工作的员工有更多的机会获得信息。

上述所有挑战和风险都可以通过制定正确的策略加以解决，进而确保远程工作的成功。

> **小贴士**
>
> 为了实现良好的沟通，员工要承担起自己的责任。在一个远程团队中，良好的沟通需要大家共同承担责任，所以员工一定要在这方面发挥自己的作用，定期更新信息，慷慨地分享信息。

在远程团队中，制定符合本团队标准的沟通规范这一做法值得推崇。团队成员要达成一致，即便大家的意见不怎么正式也可以。这样做可以解决一些问题，比如在进行特定类型的沟通时使用什么样的技术，多久进行一次沟通，以及混合式团队如何选择沟通方式（哪些沟通需要线上进行，哪些需要面对面进行）。这些一致意见有助于减少沟通信息过载的情况，改善会议体验，提高会议参与度。如果没有达成这样的一致意见，或者只有非正式的共识，那么这可能会导致沟通混乱和沟通不畅。远程团队和混合式团队应该一起工作，并根据特定的工作环境创建和记录有效的沟通方式。

> **小贴士**
>
> 如果你的公司没有关于远程沟通的本地协议或团队协议，那么建议你通过小组讨论来创建。你需要考虑的因素有工具、技术、个人偏好、潜在的挑战和障碍，以及相关责任等。

异步沟通与同步沟通

在远程工作中，一个常见的沟通错误就是过于关注同步沟通（比如线上会议），这导致人们把大量的时间花在观看屏幕上，而不是进行思考。无论员工是异地工作还是同地工作，许多公司都有会议文化或会议过多的倾向，这是一个非常现实的问题。

过多的在线会议也会造成一些福利方面的问题，我将在第五章进一步讨论这些问题。正如前文讨论过的那样，在大家并没有充分考虑什么时候应该使用哪种沟通方式以及它对哪种类型的工作会产生最佳效果的情况下，许多公司会同时采取异步沟通和同步沟通方式。

异步沟通可以使远程团队（尤其是那些在全球范围内工作的

团队）受益，员工也可以自行选择合适的工作时间。异步沟通的真正优势在于，它可以支持共享并计算负载，从而提高团队之间的透明度。在线信息系统和聊天系统可以帮助那些不在办公室工作的人或在其他时间工作的人回头查看当自己不在时其他人讨论过的内容，这一点很容易做到。异步沟通的非正式性质可能会使员工之间的聊天更加随意（相比在办公室里），进而建立良好的团队关系，使大家保持联系。它还为员工提供了选择，员工可以选择何时回应、何时参与，这赋予了员工更多的自主权，提高了他们的注意力，进而使员工平衡好工作与生活。但是，我们确实需要谨慎管理这种沟通方式，以免信息过载。有些异步沟通渠道更加开放和灵活，例如，电子邮件在很大程度上是一个闭环，只有收件人才能看到信息；相反，留言板可以对整个团队开放，如果人们愿意，甚至可以对整个公司开放。

异步沟通可以提高沟通效率。我们首先要确定什么时候使用这种方式最合适，这取决于不同的情况、涉及的人员和信息的性质。异步沟通适用于以下几种情况，员工可以选择合适的时间参与。

- 每周一次的领导者讲话。
- 会议或项目的最新情况。
- 对某个文件的个人意见或建议。

- 需要多人参与创建的报告或演示。
- 同步会议的准备工作。
- 公司简报或日常信息更新。
- 一些培训课程。

相比之下,同步沟通可能更适用于以下几种情况,参与人员可以一起讨论、交流和分享。

- 线上的讨论性会议。
- 在线学习和在线成长活动。
- 就敏感事项进行深入讨论的协作活动。
- 需要培养融洽关系的情况。
- 速度至关重要的情况,例如需要快速决策。

> **反 思**
>
> 什么情况下参与者可以将同步沟通转换成异步沟通?对于特定类型的沟通,哪种异步沟通渠道最合适?

异步沟通工具及适用场景包括以下几种:

- 使用应用程序 Slack 创建讨论通道。

- 通过在线白板 Miro 进行协作。
- 通过虚拟告示板 Padlet 收集意见。
- 在企业社交网络 Yammer 上创建一个非正式的聊天区。
- 运用直播软件对领导传达的最新信息进行直播并录制，以便不能亲自参加的人员日后观看。
- 在 WordPress、Wix 或 Medium 上创建一个博客，分享意见和观点。
- 在 SharePoint 或 MS Teams 上更新文件或会议记录。

正如本书所探讨的，远程工作有许多类型，我们也不能说异步沟通和同步沟通哪个"最好"，只能说哪个"最合适"。我们要根据特定的沟通任务来选择最佳的沟通工具，而这可能需要一些试验。这两种方式的使用都不应该是自动默认的。关于在什么情况下使用哪种沟通方式，可以成为远程团队成员所确定的本地协议的一部分内容。优秀的远程沟通者应该知道什么时候选择哪种媒介，并且能够混合使用两种沟通方式，以适应某种特定情况。

当与远程团队一起工作时，你可以通过考虑以下问题来帮助自己确定是采用异步沟通还是同步沟通。

- **是否需要及时回复和反馈？** 如果需要，那么采用同步沟通，比如在线会议可能最合适，或者使用电子邮件和信息平台，但要明确要求员工迅速回复。

- **是否需要对某一问题进行详细讨论？** 如果需要，那么使用富媒体进行同步沟通，比如使用可以进行对话的虚拟会议。
- **是否需要发表观点？** 如果需要，那么采用同步沟通的方式进行讨论，也可以通过投票或在线讨论板等实时工具来进行补充。
- **是否为例行的日常沟通？** 如果是，那么采用异步沟通方式，比如发送电子邮件、博客和视频。
- **是否只需要传达信息，例如一般的信息更新情况？** 如果是，那么采用简单的异步沟通工具，比如电子邮件。
- **是否需要达成共识？** 如果是，那么可以实时讨论的同步沟通更为合适，比如召开虚拟会议。
- **是否为首次与他人或其他团队进行沟通、接触？** 如果是，那么同步沟通可能更有助于快速建立关系。关系建立以后，就可以切换到异步沟通。
- **传达的信息是否丰富，是否需要人们进行思考？** 如果是，那么采用异步沟通方式，让人们花点时间消化信息并进行思考，然后再通过同步沟通或异步沟通的方式进行讨论和响应。
- **沟通中产生的问题是否需要回复？** 如果是，那么这两种沟通方式都适用，虚拟会议、在线聊天都可以对信息进行必要的补充。

请记住，异步沟通和同步沟通都可以在面对面交流和虚拟交流中使用。

有效的虚拟会议

在传统的办公室工作模式中，如果有一个东西几乎被所有人诟病，那么这可能是会议。网上有个段子："那场会议本可以是一封电子邮件。"虚拟会议有其独特的挑战，也许最突出的挑战是，如果没有任何协调和通知，也不确定日程，那么很难举行一次自发的会议或者进行一次非常简短的讨论。

参会者处理多项任务（在出席会议的同时开展其他工作）是虚拟会议中很常见的情况。在线协作并非不可能，只是比较难管理，团队需要一个经验丰富的协调者。过多的在线会议（包括过多的会议数量和过长的持续时间）会使员工感到疲劳。当虚拟会议的参会人数过多时，每个人的声音都很难被听到。对参会者和主持人来说，保证虚拟会议有效进行是远程工作取得成功的关键，与其他形式的工作会议一样，重要的不是你们多久见一次，而是这些互动对参会者的价值和有用程度有多大。

在线会议有两种形式：一种是每个参会者都远程（虚拟）参

加；另一种是召开混合会议，即一些参会者亲自参加（通常是在办公室），另一些人则在线参加。第二种方式特别具有挑战性，尤其是要确保每个人都有平等的机会发言。远程参会者通常会觉得自己的声音很难被听到，而且这种会议经常会出现所谓的"会议体验差异"，即现场出席会议的人与虚拟出席会议的人有不同的体验（通常现场参会人员的体验感会更好）。事实上，根据讨论的性质或者会议的目的，公司最好避免召开这种混合形式的会议。

> **小贴士**
>
> 如果必须召开混合会议，那么公司要花些心思，慎重而为，确保每个人都能参与交谈，确保远程参会人员不会被遗忘或遗漏。在虚拟会议室内来回"走动"一下，邀请每个人都分享一下自己的观点。

> **小贴士**
>
> **召开混合会议**
>
> 会议开始前不要进行讨论，比如线下参会人员在到达后或在喝咖啡时不要进行交谈，因为这会把那些在指定时间远程入会的线上人员排除在外。同样，远程参会者离开"房间"后，讨论不再继续。
>
> 确保现场参会者不会进行远程参会者无法听到或参与的旁

听谈话，这也会使远程参会者感觉被排除在对话外。

不要展示或使用其他视觉辅助工具（比如活动挂图或者白板），以免远程参会者无法看清楚，不能参与讨论。如果确实需要演示，或者需要进行任何形式的书写行为，比如在便签纸上写字或投票，那么请使用某种技术解决方案，确保每个人都能平等参与。

在会议全程照顾线上参会人员，不要等到会议结束才征求他们的意见。主持人需要采取措施，鼓励大家在整个会议期间进行互动，同时为线上参会人员创造平等的机会，不要让现场参会人员主导谈话。

尽量确保每个人都能看到其他人，这需要将线上参会人员投射到更大的屏幕上，或者现场参会人员也使用笔记本电脑，加入线上会议。

让每个人都有发表意见的机会，必要的话，主持人可以在线上和线下会议室内来回走动，邀请每个人都发表意见，为会议建言献策。

混合会议的时间最好不要超过必要的时间，否则这可能会增加线上参会人员的屏幕疲劳感，必要时定期中场休息一下。

别忘了线上还有远程人员在参会！

要想保证线上会议可以有效召开，那么首先要确定会议是否有必要召开。通常情况下，召开会议是我们默认的实现沟通、更新信息以及解决问题的方式。然而，也许还有其他更有效的方法可以达到同样的目的。只有当会议是最合适的沟通或讨论媒介时，我们才应该举行会议。相反，如果手头的问题只是例行的信息更新，那么考虑一下哪种方式可以替代开会。不要认为每个问题、议题或讨论都需要开会才能取得进展，这是错误的想法。

> **小贴士**
>
> 考虑一下你是否需要召开虚拟会议，是否有更好的沟通方式？信息交换、例行更新、活动回顾甚至快速决策都可以在线上空间进行。若涉及讨论、想法输出或需要合作解决的问题，则最好通过开会来解决。

如何有效举办线上会议

如果需要开会，那么在组织会议或推进会议时，尽可能缩短会议时间，突出会议重点，这有助于参会人员集中精力。如果会议组织得好，专业性高，声誉好，那么远程工作人员将受益良多。

考虑制定一些关于召开会议的基本规则。线上会议很容易出现人们同时处理多个任务的情况，所以会议推进者应要求人们全神贯注。如果会议运行良好且有时间限制，那么线上参会人员更容易专注于会议。如果参会人员相互不认识，那么可以进行一轮介绍，在适当的情况下，可以考虑进行一个简短的破冰活动。

尝试快速建立友好关系。在合适的情况下进行破冰活动，比如进行非正式聊天，或者在会议开始前，强调一下与他人加强联系的重要性。

会议开始前，一定要向大家说明如何参与讨论，是使用聊天工具，还是举手？又或者是大家都可以取消静音，随时提出问题？参加会议的人越多，交流方式就越复杂。每次会议都应该有一个议程，还需要有一个明确的会议目的。开会是为了分享信息、做出决定，还是为了合作和讨论？参会者需要知道会议目的是什么。在参会人员进入会议之前，对需要用到的设备进行技术检查。尽量在预定时间之前的几分钟结束会议，这可以让那些需要参加另一个会议的人们休息一小会儿。

> **小贴士**
>
> 把会议安排在整点过5分钟开始，或者在差5分钟到下一个整点时结束会议，或者直接将会议安排在45分钟以内。并非所有会议都需要花费一个小时，但如果你设定会议时间为一个小时，你们很可能就会开那么长时间！

> **练 习**
>
> **主持线上会议**
>
> 线上会议开始前，为了鼓励所有人都积极参与，主持人可以进行简短而非正式的签到活动，在线上会议室里转一圈，请每个人轮流发言。记住，参会人员可能会以不同的顺序出现，主持人应该叫出每个人的名字并请他们参与进来。可以要求大家简单打个招呼——"大家好"，或者尝试开展一个积极的"轮流"活动，让每个人轮流分享一下自己一天或一周中积极向上的事情。正如南希·克莱恩（Nancy Kline）在《思考时间》（*Time to Think*）一书中所建议的那样，"轮流"活动有助于打破会议僵局，帮助人们建立关系、增强信任，并鼓励人们进行思考。即使在远程环境中，"轮流"活动也可以把每个人带入对话。

最后，如果一个远程团队跨多个时区工作，那么人们应避免将定期会议设置在某个固定的时间。如果会议对某些远程参会者来说是在工作日且很早或很晚的时间举行，那么这尤其要避免。设置一个可以满足大多数人需求的会议时间是很容易的，但这并不公平，只有不停变动会议时间才对所有人都公平。商定一个流动的会议时间表，这样一来，每个人都会有几次最适合自己的开会时间。

> **小贴士**
>
> 鼓励参会人员在虚拟会议中打开摄像头，除非他们有充分的理由不打开。打开摄像头更容易让人们建立关系，以及进行有意义的对话。如果你看不到对方，那么与之建立关系是很困难的。

如何有效参与线上会议

一般来说，远程参会人员应该打开摄像头，即使参与会议的态度不积极，也要让自己被其他参会人员看到。这一点很重要，我将在第六章进一步讨论。

一定要抵制同时进行多个任务的诱惑。进行多任务工作往往比我们想象的更常见，尤其是当参会者被要求发言时，这很容易被看出来。多任务处理是个神话，我们不是在同时做两件事，而是在两个任务之间反复切换注意力，这是无效的。在参加远程会议时，请把注意力放在会议上。

考虑一下下面这些有效参与线上会议的技巧：

- 要露脸，确保其他人能够完全看到自己。
- 要多看看镜头，而不是看屏幕上的人（或者你自己）。虽然这会让你觉得有些不自然，但在其他参会者看来，这是与他们进行眼神交流的最佳方式。
- 不需要你发言时，一定要关闭麦克风，没有人想听到你那边的噪声。
- 合理安排自己在屏幕上的位置，比较理想的情况是，让自己处于屏幕的中心位置，确保其他人能完全看到自己。
- 你的背景应该是正式、简单、整洁的。如果有必要，可以使用虚拟背景或模糊背景，以呈现专业形象。

肢体语言

当我们远程工作时，肢体语言自然会减少。我们通过屏幕只能展示一部分肢体语言，其他人也是这样。在大型虚拟会议中，这是很大的问题，因为参会者会被缩小到屏幕上的一个小方块里。这是很麻烦的，因为我们在交流时很大程度上关注的不仅仅是交流的内容，还有交流的方式，包括手势、语气和非语言信号，甚至个人空间和位置也会影响交流。这些都是信息的一部分，影响着我们对信息的接收和理解。

在远程沟通时，我们需要小心谨慎，减少潜在的沟通错误，并弥补丢失的非语言信息。沟通时可能会出现延迟或技术故障，从而造成对话不连续或出现不自然的停顿等，这都需要解决。

虽然关于肢体语言的著作很多，但它们对于特定的非语言信号大多没有明确的解释。例如，一个人交叉双臂可能表示他处于防御状态，但另一个人可能只是感觉有些冷。虽然我们应该避免过度猜测，但远程工作人员绝对不能忽视肢体语言的作用。

为了确保远程沟通的顺利进行，在肢体语言方面，我们需要关注两点：关注他人的肢体语言，以及我们如何有效地通过自己的肢体语言与他人进行沟通并建立联系。

管理自己的肢体语言

在虚拟会议中，重要的事是考虑自己的肢体语言所造成的影响。例如，如果我们被发现在同时处理多项任务，我们就无意中释放了这样一个信号：我们对会议不感兴趣或者不投入。通常我们对肢体语言进行管理只是因为关注自己发出的信号，并意识到这些信号可能会被误解，不管是有意发出的信号还是无意发出的信号。其实，我们还需要"强调"我们的肢体语言，以确保别人能"听到"。例如，除了使用在面对面环境中出现的肢体语言，我们还可以增加其他动作。

考虑以下几种情况：

- 在虚拟会议中尽量避免被自己的形象分散注意力，不要让它影响自己。
- 既要与他人有眼神交流，又要注视他人在屏幕中的画面，两者应保持平衡。为了看起来像是在跟别人进行眼神交流，我们必须看着摄像头。在某些情况下（比如在讲话或访谈时）这样做很好，但只看镜头可能会让我们错过他人发出的微妙信号。

- 注意自己的姿势。弯腰驼背、身体向外倾斜都可能被解读为不感兴趣或感到无聊，即使事实并非如此。

- 调整好自己在屏幕上的位置，使自己清晰可见，以便让他人看到你的眼神、面部表情和各种手势。

- 你可以通过点头、身体前倾、做些手势或在聊天区发送虚拟表情（比如表情符号）等，表明自己在认真听。

- 注意自己的着装。许多人在家工作时怎么舒服怎么穿，但衣服是肢体语言的一部分，能够向他人发出一些信号。因为只有部分衣服会被看到，所以你要慎重对待这部分服装，看不到的部分则可以休闲一些。

- 不要随意摆弄笔、头发或桌子上的物品，这可能会分散其他参会者的注意力，也可能被误解为你对会议不感兴趣。

- 注意你的面部表情，它们也会发出信号。当你发言时，这是人们注意你最多的时候。不像在面对面环境中那样，你身体的其他部分可以被看到。如果这个时候你不注意，面部表情（以及你的姿势）就会"泄露"你潜意识里的想法。

- 注意你的说话节奏。尽量不要说得太快，避免使用别人理解不了的专业术语，这会阻碍人们理解你的观点。
- 你如果是会议主持人或会议中级别最高的人，那么更要注意肢体语言的影响。一旦你做出某种行为，别人就会效仿你。例如，如果你看起来心不在焉或者关闭了摄像头，这就会传递一种信号，即这种行为是可以被接受的，其他人很快就会效仿。

读懂他人的肢体语言

肢体语言所传达的信息是不确定的，在虚拟工作环境中更是如此。我们只能了解一部分情况，所以避免做出假设非常重要。例如，有些人看起来并没有集中注意力，但他们可能只是在看另一个屏幕。在虚拟工作环境中，人们更容易误解肢体语言。

在解读他人的肢体语言时，我们要警惕一些信号，尤其是较弱的信号，这些信号表明与你一起在线工作的那个人可能不理解你的问题或感到心烦意乱、不开心，或者心不在焉。因为会议的性质不同，你或许可以直接指出他的问题，也可能不适合这样做。你可以暂停一下，邀请对方提问或发表一下意见，或者稍后花时间与对方进行沟通。

线上演示

举办远程会议往往需要进行演示或使用可视化材料。运用有吸引力的演示方法来推进会议是一种特殊的沟通技能,所有专业人员都需要学习。所有有助于演示的、典型的、优质的实践元素在虚拟工作环境中仍然适用,但是我们必须考虑几个关键问题。参会者可能会在不同尺寸的屏幕上观看演示,他们会对在线会议感到疲劳。肢体语言(信息的一部分)也会减少。与现场演示相比,演示者的个人形象可能比较模糊,你可能看不到演示者的反应。反馈减少,或者参会者需要通过某些技术来进行反馈,这会使会议体验感更差。最后,总有可能出现一些技术方面的故障需要解决。

要想创造良好的演示体验,演示材料极为关键。这一点也适用于现场演示。在使用幻灯片时,少即是多。为了避免参会者在线上开会时感到疲惫,幻灯片数量及其内容都应该保持在最低限度。在线会议平台具备投票、虚拟白板等一系列功能,以此鼓励大家进行互动,这既有助于提高观众的参与度,也有助于大家做出反馈。但是一定要谨慎使用这些功能,因为过度使用会分散观众的注意力。在使用幻灯片时,你应该做到以下几点:

- 避免每张幻灯片上的内容都过于冗杂。对过多的文字或图片进行删减，否则这些内容会转移观众的注意力，使观众不关注信息本身。

- 请记住，即使是在线演示，幻灯片也仅占次要地位，演示者才是主体。幻灯片作为一种视觉辅助工具，只是用来对关键信息进行展示的。
- 幻灯片的内容不应包括全部信息，而应涵盖核心要点和两三个关键信息。
- 在阐述观点时用简洁的图片代替文字，但要注意图片的版权问题。
- 记住这句老话：告诉他们你打算说些什么（开场白），然后把要说的信息告诉他们（阐述观点），然后告诉他们你说了些什么（进行总结）。
- 注意字号大小。字号不要太小，以免观众无法看清楚。如果为了容纳全部内容而被迫缩小字号，这就意味着幻灯片的内容太过冗杂了。
- 打开演示者视图而不是图库视图。而且如果条件允许，可以使用聚光灯，这可以突出演示者，而不是整个房间的参会人员。

要想进行有效的在线演示，你可以考虑以下建议：

- 好好调整自己在屏幕上的位置，这样即使你的画面在缩略视图中只占据一小部分，你也可以尽可能地被大家看到。

- 关闭其他交流软件，比如电子邮箱等。这样观众就不会听见消息提示音等额外的噪声了。

- 不要做一个只会放映幻灯片的人。你要确保自己对演示系统足够了解。如果有必要，为了确保演示流畅，你可以进行预演练习。你如果是通过外部系统进行演示的（比如在线会议），那么应进行一次预演以确保一切正常。

- 为了弥补线上会议的参与者很少使用肢体语言的不足，你要在语气和眼神上下功夫。尽量使演讲过程具有吸引力和趣味性，避免照本宣科，有必要的话提前进行练习。看镜头，而不是看自己在屏幕上的形象。

- 确定在会上发言的方式。如果演示时你乐于与他人进行交流，而且你的注意力不会被分散，那么你要告诉大家。否则，主讲人可以得到系统授权，考虑禁用聊天功能。观众应该何时提问，是在演示进行时还是结束后？针对这一问题，你要给观众提供建议，并确认提问方式。如果出席者超过 20 人，那么提问环节最好通过聊天功能或"举手"功能来进行管理。

- 演示时间不应过长。如果情况允许，你可以向参会者发送预读文件，从而缩短演示时间。为避免参会者分心，演示时间应控制在 20~25 分钟。

- 通过快速投票、提问或互动等方式让观众参与进来。这将提高会议的参与度和关注度。
- 不要只展示幻灯片，要把你对演示主题的热情和兴趣传达给参会者。

仔细考虑一下是否要对演示过程进行录像。在虚拟世界中，这种要求并不少见——这一做法有利有弊。如果人们知道有录像可以回放，他们可能就不会在当日出席会议了，而是打算晚些时候再看，但实际上他们可能永远也不会抽时间去看。录像也减少了观众与主讲人进行交流的机会，演示将完全成为一个单向活动。只提供直播形式会鼓励人们参与活动，但这也会减少一些人参加会议的机会，比如想要参加会议的人与主讲人身处不同时区。

小贴士

促进远程工作的成功

- 无论在参加线上会议时处理多项任务对你来说具有多大的吸引力，你都要避免，因为这非常容易被发现，也会给你带来不良影响，别人会质疑你的专业程度。
- 把企业文化纳入考虑范围，并相应调整演示风格。比如是否可以使用表情符号？是否可以发送"现在见面"的请求？是否可以直接给领导发信息？

- 通过多种方式来展示你的参与度，比如进行眼神交流，提问和回答问题，使用聊天功能和肢体语言等。
- 在家工作时，不要完全依赖书面交流，而是要努力通过多种媒介进行沟通，包括虚拟会议和电话会议。
- 选择合适的信息传递渠道。对某些信息而言，短信是一种合适的方式，但其他信息则需要通过面对面会议来传达，以确保信息被正确地接收和理解。
- 你的沟通应该既包括同步沟通，又包括异步沟通。在适当的时候询问人们想用哪种方式进行沟通。例如，让同事在线上会议和电话会议这两种方式中进行选择。
- 在进行书面交流时要格外谨慎，确保形式恰当，内容全面且清晰。
- 进行技术测试。如果你要在虚拟环境中进行演示或主持会议，那么一定要确保你对相关技术烂熟于心，同时提前进行检查以确保一切正常。
- 沟通前要考虑清楚。对信息进行多次检查和确认，并考虑一下信息会被如何接收到。
- 向经理了解情况。他有什么沟通偏好吗？他希望在多长时间内以何种形式收到你的回复？
- 为同事提供一个工作以外的交流渠道。大家可以交流共同的兴趣爱好，分享宠物的照片，或者聊一聊某个社交话题。这些都有助于建立纽带和关系，而这反过来可以提高沟通效率。

练 习

确定沟通原则

如果你在一个远程团队或混合式团队中工作，那么你可以和其他成员一起制定一些沟通原则。这些原则可以使团队内部形成一种共同理解，从而减少误解。你和同事可以就下列问题进行讨论或思考：

- 我们现在采用的非正式沟通方式和正式沟通方式有哪些？这些方式的效果如何？
- 我们在最佳状态时是如何进行沟通的？
- 哪些情况会阻碍我们进行沟通？这种情况为什么会发生？
- 目前我们在沟通方面存在哪些挑战或障碍？
- 哪些信息需要共享？要想高效完成工作，哪些信息是每个人都要掌握的？如何确保大家都能收到这些信息？

- 如果需要见面，那么我们多久见一次？如果真的进行了线下会面，那么我们想利用这段时间做些什么？
- 我们应该多久开一次会？目的是什么？除了开会，我们还应该采取哪些沟通方式？
- 我们希望在会议中使用哪种技术平台？
- 我们希望使用哪种技术平台来进行异步沟通？
- 一旦平台进行常规更新或状态更新，我们应该怎么办？
- 在我们的团队中，什么样的障碍会阻碍我们进行良好的沟通？我们该如何克服这些障碍？
- 要想使团队的沟通变得高效，我们应承担哪些个人责任？
- 我们将采用什么方式记录信息？在哪里共享信息（例如会议记录或活动记录）？如果我们要召开一场混合式会议，那么我们该如何确保所有参会者（无论是现场参与还是远程参与）都能有一样的参会体验？
- 如何确保我们在沟通方面做出的选择既能让个人拥有幸福感，又能让个人实现工作与生活的平衡？

仔细思考这些问题，并对已经达成的共识进行记录。记住，要对沟通协议或沟通原则进行定期回顾和评估，以确保它们的有效性。不要忘记向新成员分享团队的沟通原则。

›››　**要点总结**　‹‹‹

- 当远程工作时，数字通信所涉及的信息量及其自身的复杂程度都会显著增加。过多的线上交流会让大家因长时间看屏幕而感到疲劳。
- 混合式工作带来了额外的沟通挑战，因为混合式工作人员在不同的地点工作，所以团队的工作方式应是线上和线下相结合的。
- 作为远程员工，当与他人进行交流时，你有必要为每一条特定的信息选择最合适的交流媒介。你需要考虑信息的性质、复杂性、紧迫性以及你对大家有什么样的回应期望。
- 为了确保远程会议和混合式会议能够提高沟通效率，我们要谨慎地对其加以管理。它们不应该是默认的沟通方法，只有当它们是最合适的交流媒介时，我们才选择使用。
- 远程通信对技术的要求很高，同时人们的肢体语言变少了——这些都是沟通方式的重要组成部分，我们需要考虑这一点，并对沟通方式进行调整。
- 要想实现有效的沟通，远程团队和混合式团队中的每个人都需要承担一定的责任。这涉及制定统一的规范，实现工作方式"本地化"。
- 当远程工作时，我们必须谨慎沟通，考虑所使用的媒介和要交流的信息是否匹配，考虑哪个环节可能会产生误解，并加以预防。
- 每一次交流都要力求清晰。

| 第五章 |
远程工作者的幸福感

第二章对远程工作带来的挑战进行了探讨，许多挑战都是真实存在的，是否有幸福感便是其中之一。幸福感与远程工作之间存在一种复杂的关系，这需要我们深入讨论。尽管远程工作确实会带来挑战，但它也可以增强幸福感。

　　幸福感是一个非常私人的问题。让你感到幸福的东西可能会降低别人的幸福感。有些人会在远程工作或居家办公期间迅速成长起来，但对其他人而言，这要困难得多。本章将围绕远程工作的主要挑战和潜在的解决方案进行讨论。并不是每件事对每一位远程工作或居家办公的人来说都是挑战。每一位远程工作者都应该思考一下远程工作对自己的幸福感产生了怎样的影响（是积极影响还是消极影响），以及自己可以采取什么样的策略来将好处最大化，并应对挑战。

远程工作给个人幸福感带来的挑战

工作蔓延

在家办公会使你的工作时间更长。有些人发现自己在本该通勤的时间就开始工作了，上班时间比合同规定的工作时间早，下班时间也比规定的晚。还有些人觉得他们必须工作更长的时间，用某种方式来证明他们在工作，或者证明他们和在办公室工作的同事一样敬业。出现这种情况通常是因为员工害怕失业或感到内疚。

这就是所谓的"数字出勤主义"——不断有员工在线上出现，因为他们认为不管自己是否在工作，都需要让别人看到自己是在线的。这很容易使员工养成持续工作的习惯，因为工作设备就在家里，也没有通勤这一刚需来逼迫他们停下来。

工作与生活的平衡

工作与生活的平衡是一个广义术语，用来描述我们如何管理工作类和非工作类活动。工作与生活达到平衡的定义有很多，但通常是指人们使工作类和非工作类活动达到了一种个人化的、有效的平衡状态。无论如何定义这一术语，它都是一个非常个人化的概念。有些因素会促进或阻碍人们实现平衡，但这因人而异，因情况而异。

居家办公会导致工作与生活的平衡产生特殊变化,这通常被称为界限模糊,指的是远程工作者把工作和生活混为一谈。工作(以及工作设备)一直在那儿,他们很难把注意力切换到别的事情上。对有些人而言这不是问题。当需要在工作和家庭事务之间进行切换时,或者当工作与生活互相影响时,他们能够泰然处之。但对其他人来说,这是压力的重要来源。

有关这方面的研究将人们大致分为两类:一类是整合者,他们能够自如地在工作和非工作任务之间进行切换,并对两者之间模糊的界限安然处之;另一类是分离者,他们需要划清两者之间的界限。例如,如果一个整合者在家工作,他的家人来到工作空间讨论家庭事务,那么这对他来说不是什么问题,讨论结束后,他可以轻松切换到工作任务中。分离者则会认为应对这种干扰具有挑战性,他们需要花点时间才能重新专注于工作。分离者需要在工作和生活之间彻底划清界限,因此他们可能根本不适合在家工作,除非他们能够找到一种可行的方式。

当然,整合者不一定就比分离者好,但这两类人所采取的工作策略不同。你更偏向于哪一类人,就采用哪方面的策略。例如,整合者对于工作和生活结合在一起感到很舒适,这可能会导致他们在节假日或周末也继续工作。他们如果没有划清界限,就会发现自己过度工作或在家里制造了冲突。分离者需要在工作和生活之间划清界限，尽管这对一些人而言很难实现，尤其是当他们身处一个工作与生活有着紧密联系的环境时。分离者应该深度思考哪种居家工作方式对他们来说是有效的。居家工作时，工作可能会蔓延至生活领域，反之亦然。这是无法避免的，完全将这两者进行分离可能很难实现。远程工作者如何自如地面对两者"混合"在一起的情况？或者如何应对工作蔓延至生活领域的情况？针对这些问题，分离者更需要制定适当的策略，找到行之有效的解决办法。

> **反 思**
>
> 你的工作风格是什么样的？你认为自己更像是一个整合者还是一个分离者？这对你的常规远程工作意味着什么？

在保持工作和生活的平衡方面，每个人的需求是不同的。实际上，有些人不喜欢"工作和生活保持平衡"这个概念，因为它意味着实现完全的平衡是可以做到的，或者是应该做到的。但实际上，这种平衡更有可能是动态的、起伏不定的。有时候工作会占据主导地位，而有时候生活会占据主导地位。那些不喜欢"工作和生活保持平衡"这一理念的人认为，我们更应该转而寻求一种舒适的融合模式。毕竟，每个人都是一个个体，由工作中的自己和生活中的自己组成。

工作风格和工作偏好实际上是非常个人化的,健康和幸福感也是。这意味着那种适用于所有情况和所有人的建议是不可能存在的。相反,远程员工或混合式员工应该反思自己的工作风格,考虑如何为这种风格制定适当的策略,更重要的是,考虑如何与他人就自己的工作风格和偏好进行交流。

> **反 思**
>
> 对于工作风格以及工作和生活保持平衡方面的需求,你应该与谁进行讨论?你需要与他们分享什么,或向他们提出何种要求?

孤独

远程工作也是孤独的,有时你会觉得自己与同事隔离开来了。社交不仅出现在工作中,还出现在工作场所。与他人相处能够让你感到幸福,这一点尽人皆知。办公室里的那些至关重要的支持系统是很难在家里复制的。这种影响因人而异,有些人会在安静和孤独中茁壮成长,其他人则会发现这很难。

> **小贴士**
>
> 你如果是远程工作者,并且觉得自己错过了与他人互动的

> 机会，那么为什么不考虑使用联合办公空间或办公基地呢？这些场所正变得越来越普遍，而且为你提供了多种选择，你可以长期租用某个空间，也可以仅租用一天或几个小时。

数字健康

远程工作中所使用的技术会对我们的精神、身体和情感健康产生影响。这与技术本身有关，也可能与过度使用有关。

在新冠肺炎疫情期间，企业纷纷推出在线会议系统。尽管它们并不是新事物，但这在许多组织中却并不常见，员工不得不快速学习新的工作技能。由于在线会议数量激增，一个新词语很快出现了：会议疲劳（Zoom Fatigue）。这不仅仅与 Zoom 这个特定的在线会议平台有关，也是一种简单的表达方式，用于描述长时间参加在线会议导致的疲劳感。为什么在线会议会如此令人疲惫？针对这一问题，斯坦福大学的学者进行了研究（拉玛钱德兰，2021），发现在线会议会带来更高的认知负荷，包括长时间盯着自己的形象这种不自然的行为。另一个原因是我们所使用的数字技术种类各异，我们一直在通过这些技术与他人进行联系，这是导致我们感到疲惫的关键。

在电子设备上花太多时间会扰乱睡眠，尤其是在深夜，负作用会更明显。因为屏幕发出的蓝光会延迟褪黑素的释放，增强我们的警觉性，从而对我们的自然睡眠周期产生负面影响。同时，来自多个数字平台的海量通知可能会产生"科技干扰"，即技术工具会干扰日常生活，分散注意力，并降低工作效率。上述任意一个问题都会对远程工作者产生影响，因为他们的大部分工作都是借助技术工具完成的。因此，对于数字技术给幸福感带来的积极影响和消极影响，远程员工和混合式员工要保持警觉，积极有效地使用技术工具并对自己的工作量进行有效管理。这对他们而言尤为重要。

> **小贴士**
>
> 为了缓解眼部疲劳，每工作20分钟就要远离屏幕休息20秒，并把视线转移至20英尺（1英尺约等于0.305米）以外的东西上。
>
> 请记住：20分钟，20秒，20英尺！

> **小贴士**
>
> 如果你是一名远程员工或混合式员工，那么一旦身体不舒服，你一定要请病假。当待在家里时，人们特别容易在生病时继续工作，但这不利于康复。如果你身居高位或极具影响力，那么你的这种做法会使他人在身体不适时不得不继续工作。

过渡

当我们在办公室工作时,生活和工作场所是完全分开的,通勤可以使我们在两者之间进行过渡。通勤时间或长或短,费用或高或低,或涉及公共交通或不涉及。然而通勤并不仅仅指上下班,它还具有一种功能,即在工作和生活之间提供了一个空间,这种空间通常被称为"过渡"。

这种过渡本质上是一种间隔,能够使我们不仅在身体上,而且在精神上从一个领域转移到另一个领域。我们可以从工作状态过渡到生活状态——有些人尤其需要这种过渡。从这一点来看,从一个地方到另一个地方并不是通勤的唯一目的。有些人会利用通勤时间来完成一些工作。其他人则把这段时间用于阅读或听音乐等非工作活动。即使人们在通勤途中工作,他们仍然远离了正常的工作空间及工作所需的一切东西。

在家庭工作环境中,这种过渡是不存在的。将电脑关机可能会起到相同的作用。当居家办公时,我们的工作设备往往更加显眼,同时,并不是每个人都能有一个单独的工作空间。我们很容易花更多的时间用于工作,查看一下电子邮件或回复一下最后一条信息,工作时间慢慢就加长了。在家里,我们不需要赶地铁或者公交车,自然也没有什么因素能阻止我们继续工作。生活与工作界限的模糊会导致这两者之间产生冲突。在这种情况下,工作会影响家庭生活,反之亦然,从而形成压力或干扰。

> **反 思**
>
> 你能使工作和生活实现很好的平衡吗？你能否主动在两者之间划清界限？你是否需要一些特定的过渡仪式？

远程工作的好处

与上述挑战形成鲜明对比的是，远程工作能给个人带来很多潜在的好处。一些研究发现，与在办公室工作的员工相比，远程工作者的工作满意度更高，且压力更小。

远程工作的主要好处之一是：我们能够缩短通勤时间，或者完全不需要通勤。通勤时间过长不仅会降低生活满意度，还会引发压力。尤其是当通勤方式为搭乘公共交通时，负面作用会更明显，搭乘公共汽车和地铁上班的人说，他们的生活因此受到的负面影响最大。远程工作可以让人们把原先花在通勤上的时间花到别的事情上，以此维持或改善他们的身心健康和幸福感。例如，人们可以利用这些时间与朋友、家人待在一起，也可以进行锻炼或做自己喜欢的事情。不幸的是，正如前文所讨论的那样，当远程工作时，尤其是居家工作，人们并不总能享受到这些好处。

远程工作可以使人们的工作安排更加个性化，更加符合个人精力和睡眠规律。当在办公室工作时，默认的日常工作时间为八个小时，我们一般先工作三四个小时，然后午休，然后再工作三四个小时。然而，如果把个人精力以及人们如何恢复工作所消耗的能量纳入考虑范围，那么每个人的情况并不都是一样的。一些人会早起，而另一些人在晚上的工作效率更高，还有些人会把工作划分为一个个较短的时间段，且享有规律的休息时间，以这种方式工作，其效率会更高。在远程工作时，假设雇主不要求我们复制办公室里的时间分配结构，那么我们的工作方式不需要与在办公室工作时完全一致，这可以提高我们的个人工作效率。

正如这里提到的，远程工作或居家办公与幸福感之间的关系是复杂的。因此，成功的远程工作者会制定相应的策略，他们既能保持工作和生活的平衡，又能划清工作和生活之间的界限（即使这两者是在同一个地方），还能应对数字工作量过大的问题。当员工态度积极，并采取措施减少远程工作的潜在弊端时，其整体幸福感便会得到提升。

反 思

远程工作是提高了你的幸福感还是降低了你的幸福感？为确保远程工作的幸福感最大化，你需要采取什么策略？

在远程工作时管理好健康问题

在远程工作时，你的目标应该是"蓬勃发展"，而不仅仅是

"养家糊口"。作为一个个人化程度极高的概念，幸福感的源头便是自我意识。以下建议有助于个人在远程工作时既获得幸福感，又规避一些潜在的陷阱。这些建议有些是基于实际情况的，而另一些则相当于所谓的"边界管理"。这个术语指的是一种技巧，即对于工作与生活或其他非工作活动之间的界限，进行识别或管理。高效的边界管理有助于个人实现最优的工作与生活的平衡。有些人需要更多的界限，这取决于个人的工作偏好。

第一，为了舒适、安全地工作，我们需要对工作场所进行适当的布置。如果条件允许，那么工作场所应靠近自然光源，并且这里尽量不要堆砌杂物，因为过多的杂物会引发压力。

第二，如果有可能，在家里单独划分一片工作区域。这样工作和非工作活动之间就产生了一些物理上的分离。在理想情况下，工作任务将在单独的房间里进行，但不是每个人都有这样的条件。另一种方法是在工作结束时将所有工作设备放在看不见的地方，这有助于我们划清工作与生活之间的界限，减少再去查看邮件的诱感。一个盒子或一个抽屉就足以实现这一目的。

第三，通勤能够给我们提供过渡空间，想办法复制这种"过渡"，这是解决工作和生活之间界限模糊的另一个方法。在工作和非工作活动之间创造一段间隔，可以帮助人们产生一种工作已经结束了的感觉。有许多方法可以做到这一点，有些人会在工作结束之前或之后去散个步，另一些人则创造了功能相同的仪式，比如泡一杯茶、播放音乐或者换件衣服。这些简单的事情可以提供一种心理上的过渡，去另一个不同于工作场所的房间也有这样的作用。我们没有必要创造一种复杂的仪式，只需要在工作与非工作活动之间创造一个对比就可以了。

在家工作时，人们很容易选择不吃午餐，整天坐着工作或盯着屏幕。为了避免在家工作时久坐不动，我们可以选用站立式办公桌，它能使我们在工作时想坐就坐，想站就站，有助于我们在工作时活动一下。我们也可以做一些运动，比如有规律地拉伸一下身体。

眼睛和大脑都需要休息。如果条件允许，开会期间应安排短暂的休息，方便大家活动一下，减少面对屏幕的时间，让大脑重新调整并恢复思考能力。如果有必要，可以使用计时器或者其他方式来提醒你休息时间到了——甚至有专门的远程工作应用程序来做这件事。我们要认识到离开办公桌的重要性，离开办公桌和屏幕的时间应被视为工作中必不可少的一部分。

在一天的工作结束后，有意识地关闭工作设备并确保我们真的停止工作了，这是很重要的。混合式工作模式不应该意味着员工要"一直工作"。下班后，我们可以关闭电子邮箱和其他信息通知功能，或在周末和节假日把电子邮箱设置成自动回复，回复内容应包括：邮件还未被本人查看，以及何时可以得到回复等。我们一定要这么做。人们经常会一边发送"已下班"这种信号，一边密切关注自己的收件箱，并通过各种方式回复邮件。这会传递一种信号，即别人只要发送邮件就会得到你的回复，并且你可以接受自己的假期被打扰。为保证远程工作的幸福感，我们应该对通知信息进行管理，或者减少查看时间，以下建议将发挥积极作用：

- 将通知和聊天功能设置为静音，使用专注模式或者关闭振动。
- 简化移动设备主页，删除未使用过的应用程序。
- 监测移动设备的使用情况或开启使用提醒功能。
- 在家里划分出一个不使用电子设备的专门区域或时间段。
- 回归书面形式——使用纸质笔记本（或者仅仅是笔和纸）做笔记，记录待办事项。

为防止过度工作，一些人将日常工作结构化并设定工作时长，这对他们有帮助。但对其他人来说，这种方式可能过于死板，削弱了自主性并缩小了选择余地。工作时长和结束工作的正确方法并不唯一，远程工作者需要花点时间进行尝试，找到适合自己的方法。下面是划清工作和生活之间的界限的建议：

- 设置一个专门的下班时间。

- 不在周末或晚上下班后查看电子邮件。
- 在生活时间里关闭信息通知功能。
- 制定"吃饭时不打电话"的规则。
- 要求自己不在某些特定时间开会。
- 在工作日程中划出休息时间。

最后,为了减轻远程工作带来的孤独感或寂寞感,员工需要有意识地与同事进行接触、社交并建立友谊。研究发现,与他人建立联系可以保障并提升个人的幸福感。

> **练 习**
>
> **提升幸福感**
>
> 本章的前一部分内容对远程工作面临的挑战进行了探讨,你遇到的挑战有哪些,或者你在哪些方面遇到了困难?
>
> 为确保你是在为自己的幸福而工作,你需要明白哪些提升幸福感的方法是最适合你的。为了保证自己采纳这些方法,必要时你要制订一个行动计划。看看你需要和谁分享这一计划?

〉〉〉 要点总结 〈〈〈

- 远程工作或混合式工作可以增强个人的幸福感,也可以削弱个人的幸福感。一旦远程工作的实施效果不佳，企业没有形成良好的远程工作文化，或者远程工作者没有形成健康的工作方式，这种工作模式就会削弱幸福感。
- 关于幸福感和远程工作有很多具有实践性的好建议。然而，无论是提高幸福感还是保持工作和生活的平衡，这两者都是非常个人化的概念。每个远程工作者都需要考虑自己的喜好、工作方式和需求，以确定适合自己的工作方式，然后将其落实于行动。自我关照始于自我意识。
- 远程工作者需要采用个性化的策略和方法，以确保远程工作不仅有助于自己在事业上取得成功，还有助于自己实现工作与生活的平衡和健康。

| 第六章 |

你的存在感和个人品牌

如果你在工作中总是不能被大家看到，那么这可能会引发一些问题。研究表明，即使我们不知道他人在做什么工作，但只要看见他们在工作，我们就会受到影响。当我们看到他人长时间工作时，这种影响尤其明显。

这可能会给远程工作者带来一个特别的挑战，那就是如何确保自己不仅可以成功地交付任务、完成绩效目标，还可以让其他人看到自己的成就。不幸的是，人们可能经常会把灵活办公或远程办公与"灵活办公的坏名声"联系在一起，这是灵活办公人员经受的一种特殊偏见。人们会认为他们对工作不太投入，从而在他们的个人发展、被认可和奖励等方面产生负面结果。远程工作的另一个挑战是，你是否有足够的自信心，因为并不是每个人都能在远程环境中发声或坚持自己的主张，这并不是一件容易的事情。对于那些天生比较安静或内向的人来说，这非常困难，尤其是当远程会议推进得不太好时，他们的声音很难被听到。

要想应对远程工作者很难被大家看到所带来的挑战，一种解决方案是对你的个人品牌和存在感采取积极主动且专注的态度，这是建立强大的个人声誉的关键。可以说，所有员工都应该有计划地建立个人品牌，尤其是在社交媒体时代，这一点十分重要。在这个时代，网上存在大量的个人信息，通过建立个人品牌，我们可以有意识地管理网上的信息，也可以有效地保障人际关系的建立和职业的发展。

你的可见性

顾名思义，可见性就是被大家看到，并以一种引人注目的方式参与工作。远程工作者要大声说出自己的想法并力争脱颖而出，这可以提高可见性。但并非每个人都觉得做到这一点很简单或很自然，有些人需要一些练习。无论是在线上空间还是在面对面的场合，我们都有可能被看到并提高可见性。

通过在协作系统上更新个性签名或发出信号（例如 Microsoft Teams 上显示在线状态的"颜色"），你可以清楚地展示自己的工作时间和在线工作状态，从而提高在线的可见性。无论你何时何地工作，很多简单的方法都可以提高可见性，比如参加在线讨论、贡献想法、在会议上提出问题等。

从职业生涯的角度看，远程工作者要明白，自己如果"不在别人的视线里"，就会"不在别人的大脑里"，特别是要确保远程工作不会导致自己的职业发展机会减少。当一家公司（或个别经理）不完全支持远程工作时，这一点尤为重要。

在远程工作时，别人通常只能通过一个小屏幕看到我们。与面对面环境相比，在这种情况下被他人看到更加困难了，这十分具有挑战性。要想让别人"看到"我们，一种方法是有意识地在内部建立人际关系网络。大家倾向于认为职业社交是我们在外部活动中或在领英等专业社交媒体平台上进行的活动。然而，在公司内部建立人际关系同样重要。未来的成功和职业机会都取决于你能否被重要的相关人士注意到。关于进行职业社交的建议，请参见第七章有关职业管理的内容。

另一种提高可见性的方法是让远程工作者主动寻找机会融入团队。不一定是与工作相关的项目，你可以加入一个俱乐部（如果没有俱乐部，那么你可以自己成立一个俱乐部——很多公司都有在线读书俱乐部或虚拟锻炼小组等），或者安排一次社交活动。

小贴士

在参加会议之前，回顾一下会议议程或者预读材料，并提前准备一些思辨性比较强的问题，你可以在会议中提出这些问题或在虚拟聊天中发布这些问题，这将有助于提高你的可见性。

在许多方面，我们都希望工作成果和努力能够说明一切。不幸的是，情况并非总是如此。相反，重要的是向大家表明我们在干什么，让他人看到我们在工作，即使是通过虚拟形式展示出来。我们也可以利用与同事、经理的"见面时间"来表明我们在做什么。对于那些在公司中人际关系不太稳固的新员工来说，这一点尤为重要。信号传递也指员工需要向经理和同事发出信号，表明自己技能精湛、表现出众。例如，在办公室环境中，如果一个人一直很守时，这就表明他有很好的时间管理能力。在远程办公环境中，人们不太可能看到你每天什么时候开始工作，但你可以通过准时参加在线会议或按时交付工作等方式来展现自己的时间管理能力。这一点需要与幸福感相平衡，如果你发出的在线工作信号过多（例如一天中的所有时间都在线），那么这可能会导致你过度劳累。

> **反 思**
>
> 你在当前职位上的可见性如何？你怎样提高可见性？你需要被谁看到？

一些完全远程工作的公司确实偶尔会为团队（甚至是整个公司）提供一些聚会或开会的机会。如果有这样的机会，远程工作者就应最大限度地加以利用，亲自参加活动以提高可见性，弥补他们在常规的虚拟工作中可见性不足的短板。我们可以将这些活动当作一个机会来增强现有人际关系，并创造全新的关系。

> **小贴士**
>
> 混合式员工有机会在办公室工作期间与同事进行面对面的交流，这比完全远程工作的同事有优势。因此，混合式员工应充分利用这些机会，在这段时间里专注于提高可见性、加强与同事的联系，而不是只忙于独自完成任务。

你的个人品牌

建立个人品牌是指有意识地管理个人声誉和自我推销的过程。个人品牌这一概念最早由领先的管理思想家汤姆·彼得斯（Tom Peters）在1997年提出，他认为，个人在宣传自己时应该借鉴传统的企业营销理念，确定自己的独特之处，强调自己专有的一套知识、技能和经验，使自己脱颖而出。这些元素可以放在一起被描述为"个人价值主张"——这是我们从营销理论中了解到的另一个术语。

人们通常会给个人品牌下一个非正式的定义，将其描述为"当你不在场时，别人对你的评价"。每个人都可以建立个人品牌，你首先要考虑自己希望因什么而闻名，拥有什么样的独特优势。从本质上讲，你的个人品牌就是你的职业声誉，每个人都有自己的品牌，但并不是每个人都采取了有效的方式来管理和发展个人品牌。这样做对每个专业人士都有益处，但对远程工作者或混合式工作者来说更为关键，因为这将解决远程工作可见性自然降低的问题。

> **反 思**
>
> 当你不在场时，你认为人们会怎么评价你？你希望他们说什么？

思考一下下面这些关于建立个人品牌的问题：

- 你的技能、经验、能力或优势是什么？
- 你取得了什么成就，或者说你引以为傲的东西是什么？
- 是什么让你与众不同？你能做什么别人做不到的事？
- 你想因什么而出名？
- 你如何影响别人对你的看法？
- 你如何宣传你的技能和成就并让人们了解？
- 你如何在职场展现专业形象？

> **练 习**
>
> **打造你的"电梯演讲"**
>
> 要想提升个人品牌的影响力,其中一种方法是进行所谓的"电梯演讲",之所以叫作"电梯演讲",是因为它要求你能够在乘电梯(或扶梯)从一层到另一层时高效地介绍自己,令对方对你印象深刻。
>
> 进行简洁有力的自我介绍是一个有用的方法,远程工作者应充分利用每一个自我介绍的机会。起草一份有影响力的自我介绍并进行练习吧。

混合式员工应该充分利用自己在办公室的时间或与其他员工在一起的时间,以提高自己的可见性或提升个人品牌的影响力。远程工作的员工也需要通过远程方式建立声誉和个人品牌。每个人都需要以不同的方式展示自己的价值。在理想情况下,我们希望同事对我们有着积极的看法,因此,我们可能需要运用自己的影响力来实现这一点,同时展示我们的人际交往能力。

影响力包含很多方面,我们需要综合运用各种不同的个人技能。人们通常认为影响力是指通过自己的行为和行动来影响别人的思考、行动或行为方式的能力。这不是滥用权力或试图迫使人们同意我们的观点,而是积极地说服他们或鼓励变革。影响力可以来自不同的地方,可能来自我们因职位而拥有的实际权力,可能来自我们可以接触某些信息的能力,或者影响力的产生是因为我们拥有其他人没有的特殊专业知识。有些人能够通过自己的个性来影响他人,因为他们可爱、有魅力或表现出了某些有吸引力的特质。可见性和影响力是相互关联的,除非我们的可见性很高,除非我们拥有必要的、已建立的人际关系,否则我们很难影响别人。影响力也与信任有关,具体内容请见下文。

因此,为了保证远程工作取得成功,我们该如何拥有对他人的影响力呢?罗伯特·西奥迪尼(Robert Cialdini)博士是这方面的专家,他将这种影响和说服他人的能力提炼为六项核心原则:互惠性、稀缺性、权威性、承诺与一致性、亲和力、共识性。在这六项原则里,其中两项的相关性较强:亲和力和互惠性。很简单,我们会受到自己喜欢的人的影响,从而信任他们,并与他们建立关系。反过来,他们如果也喜欢我们,就会受到我们的影响。互惠性原则是指投之以桃,报之以李。当我们为别人做某件事时,他们更有可能以同样的方式对待我们,并以同样的方式回报我们。西奥迪尼认为这两项原则是重叠的,都是以人际关系为基础的。影响他人的技能和沟通技能也存在重叠:倾听、情商和交流。我们可以通过自己的行为和在工作中的表现来积极地影响他人。当我们获得信任,被人认为是真诚可靠、可以合作的人时,我们就可以影响他人了。这些因素反过来又提高了亲和力。这是一个正向循环,上述行为也与那些促进远程工作顺利开展的技能密切相关。总之，掌握了第一章讨论的技能，这些技能自然会帮助你提高可见性和影响力，建立个人品牌。

> **反 思**
>
> 考虑一下以下问题：
>
> - 你需要在工作中影响谁？
> - 你需要通过什么来影响他人？
> - 你的影响力大吗？你还可以在哪些方面提高影响力？

信 任

从很多方面看，远程工作建立在信任的基础上。管理者必须相信团队可以在没有密切监督的情况下工作，团队之间也必须相互信任。高度信任的环境会带来积极的结果。人们在心理上也是有安全感的，这意味着人们会畅所欲言、做真实的自己、提出问题，并认为这些都是可以接受的。对于远程工作者来说，被视为一个值得信赖的人是很重要的。这是理想的远程声誉的一部分，触及个人品牌的核心领域。对于那些尚未开展远程工作但希望这样做的人来说，可靠的声誉或许是获得远程工作机会的关键。管理者经常担心员工在没有人监督的情况下不能有效地工作，尽管还没有证据表明这是一个普遍的问题，但可以看出，信任对于能否获得远程工作的机会是非常重要的。

我们可以用很多不同的方式来定义信任，还有一系列从公司角度讨论信任的学术理论和领导模式。在个人层面，信任意味着可信、可靠、透明和一致。

为了表明你是值得信任的，你可以向大家展示以下行为：

- 言行合一。
- 说到做到。
- 花时间了解别人。
- 表现出同理心。
- 表现出对他人的信任。
- 与他人进行合作和沟通。
- 在工作岗位上表现出自己的能力。

在一个理想的世界里，信任会自然且迅速地产生，然而现实往往并非如此。信任往往随着时间的推移而增强。因为人际关系变得越来越牢固，人们才会逐渐认识到信任他人是安全的。在传统的办公环境中，沟通和联系可以是非正式的，并定期进行，而且不一定要围绕活动或会议展开。因此，人们可以比在远程环境中更快地建立工作关系与产生信任。要想在远程环境中产生信任，你就需要专门的时间来做这件事。

信任他人是有风险的。有时，当交付信任后，我们并不见得会得到回报或者尊重。信任建立之后，也可能很快就会被破坏。希望被信任的远程员工可以专注于与同事建立有意义的人际关系，并找到方法来表明自己的行为和能力是值得信任的，从而获得由此带来的潜在职业利益。远程员工需要向别人证明自己值得大家冒着风险信任，并且自己不会辜负别人的信任。与上述行为相反的行为可能会破坏信任：不可靠、前后矛盾、不能信守承诺、不积极参与活动、不重视人际关系。远程工作者必须不惜一切代价避免这些问题，否则这会影响事业的成功，甚至使其无法获得远程工作或混合式工作的机会。

小贴士

提高你的存在感，建立个人品牌

- 远程工作者需要更加专注地与他人建立关系并形成人际关系网。每周分配出一些时间来建立和培养职业关系。
- 在社交媒体网站或任何允许上传照片的平台（比如Zoom或Slack）都上传一张照片。考虑通过内部和外部社交媒体平台与同事建立联系。
- 不要害怕与同事或经理适当地分享成功和成就。
- 与同事见面一起喝咖啡，只要情况允许，线上或线下都可以。这样你就可以更多地了解他人的工作职责。大多数人会非常乐意就他们所做的工作进行分享。
- 在会议期间，抽出一些时间进行社交并结识同事。这是很简单的事情，比如一起签到，询问一下他们的近况，或询问一下其他的一般性问题。
- 注意你在线上会议中的表现，避免处理多项任务。
- 与同事进行面对面的交流或者虚拟交流。加入内部社交网络，比如 Yammer 或 Workplace，参与其中的对话。
- 抓住机会吸引别人的注意。这对于刚加入公司或新进入职场的人来说尤为重要，但是这不应该表现为数字出勤或工作时间过长。

››› 要点总结 ‹‹‹

- 工作中缺乏可见性会产生不好的职业结果——有时你不在人们的视线范围之内可能意味着你不在人们的大脑中。
- 就其本质而言，远程工作的可见性可能比在办公室工作或同地办公的可见性低。因此，为了确保事业的成功，远程员工需要刻意关注自己的可见性、存在感和个人品牌。
- 混合式员工可以采取一种有针对性的方法：最大程度增多与同事在办公室见面并一起工作的时间，以提高自己的可见性。
- 信任是远程工作和混合式工作的关键。成为团队中值得信赖的一员是提高职业声誉的一部分，远程工作和混合式工作人员可以采取适当的措施来表明自己是值得信任的，并传达出这样的信号。
- 对可见性和个人品牌的管理包含一定程度的自我推广，你可以分享自己的成就。

| 第七章 |

远程员工的职业生涯管理

职业生涯管理意味着确保在当前岗位上取得成功，并朝着未来的目标努力。这是一个专业术语，指的是采取结构化的方法，有计划地管理个人的职业生涯和职业发展。虽然这不是每个人都必须做的事情，但所有职场人士都可以从有效的职业生涯管理方法中受益。

虽然公司和管理者能够提供一些帮助和支持，但职业生涯管理最终还是个人的责任。"终身工作"的观念已经一去不复返了，任何技能或资格证书都不能为一个职场人士提供其整个职业生涯所需的一切。工作、公司和技术都在不断变化，这些变化通常是同步进行的，员工需要适应这些变化。因此，将积极的职业生涯管理与持续的职业发展相结合，对每个职场人士来说都是必不可少的，不管是远程工作、混合式工作还是同地工作，都是如此。

职业生涯管理包括找到合适的工作、保障职业发展、对未来进行规划、提升技能和建立人际关系网。在远程工作或混合式工作环境中，我们需要对传统的职业管理技术进行调整。前文已经讨论过其中一些技巧了，例如提高可见性和建立个人品牌。本章将讨论职业生涯管理中一些更传统的方面，比如参加面试和开始一份新的工作。

也许你担心远程工作不利于职业发展。不幸的是，确实仍有一些人认为，希望远程工作的人在某种程度上对自己的事业不是那么投入，对工作不那么感兴趣。然而，远程工作对某些人来说确实有好处，比如有看护责任或有残疾的人。远程工作可以为那些难以通勤或难以遵循传统的朝九晚五工作安排的人创造公平的竞争环境。

练 习

进行SWOT分析

良好的职业生涯管理始于自我意识，为什么不先审视一下自己呢？

你可能听过SWOT分析法［优势（Strengths）、劣势（Weaknesses）、机会（Opportunities）、威胁（Threats）］，但可能没有想过用其对自己进行评估。你可以花点时间反思一下自己目前在职业生涯中的优势、需要加强的领域（劣势）、存在的机会和威胁。在进行分析时，你需要特别考虑一下远程工作或混合式工作的影响。

> 完成分析后，你会发现与管理者讨论一下SWOT分析结果很有帮助，因为他们不仅可以对你的分析结果进行评估，还可以帮助你解决某些领域的问题，并向你提供一些机会。

远程面试

远程面试正变得越来越普遍。一些公司的面试以实时虚拟方式进行，而其他公司则要求候选人录制并上传视频，以供招聘人员自行观看。在面试的职位并非远程工作职位（或合适的工作职位）的情况下，为了快速、便捷地进行面试，雇主也会在招聘流程中设置远程面试，尤其是当有大量申请者的时候。

远程面试者需要考虑两个方面。首先，在虚拟面试环境中表现良好，展现出最优秀的自己。其次，如果这份工作涉及大量远程工作或混合式工作，那么招聘经理可能会询问一些与远程工作相关的问题，以评估应聘者的相关技能和能力。

就面试本身而言，与在面对面环境中一样，所有被认为好的面试做法也适用于远程环境。准时、进行适当的准备和调研、给人留下良好的第一印象、简洁全面地回答问题，这些都很重要。但是，远程面试会减少肢体语言的运用，而且可能会出现技术故障。

以下是一些有效的远程面试技巧：

- **确保自己熟悉当天要使用的技术。** 必要时你应提前进行练习，此外尽可能提前检查音频设备。
- **使用眼神交流。** 远程面试时，参考笔记和提示是很有诱惑力的事情。然而，虽然这些可以帮助记忆，但不要过度依赖，因为这不可避免地会减少与面试官的眼神交流。在虚拟会议中进行眼神交流的最佳方式是看着摄像头，而不是看着屏幕上的人。
- **设置一个专业的网名。** 提前确认这一点，尤其是当使用别人的系统或账号参加面试时。同理，如果使用虚拟头像，请确保头像具有专业性，最好是你在专业社交网站上使用的那个头像。
- **使用合适的肢体语言。** 正如第四章所说的沟通方面的内容，肢体语言在虚拟会议中会显著减少，这当然也适用于远程面试。你可以通过增强语气来推进沟通，坐直身体，正对着镜头，保持良好的眼神交流。注意避免使用消极的肢体语言，比如耷拉着脑袋或向下看。
- **不要被自己的形象分散注意力。** 你如果被自己的形象分散了注意力，就看一下该软件是否允许你将头像最小化或将其关闭。你只用在面试时这样做，而且前提是知道如何快速、天衣无缝地做到这一点。

- **选用合适的虚拟背景**。确保你的画面中没有杂乱的东西或其他干扰。必要时，你可以模糊背景或使用专业的背景照片（不要使用会分散注意力的背景或不正式的背景）。
- **正确着装**。虽然远程工作时穿得随意些是可以接受的，但在面试时，穿着得体才是最好的，要像面对面开会那样选择着装。
- **控制干扰因素**。在家面试时你无法控制一切，但一定要告诉家里的其他成员你需要无人干扰的环境，并将其他通知静音。关上窗户，甚至在门上留个便条，让别人不要敲门。
- **调整你在画面中的位置**。在理想情况下，你应该出现在头像框的中间位置，光线要充足，使头部和肩膀清晰可见。没有人想看你的头顶或者你只有半个头的样子！
- **提前几分钟上线**。做好准备，以防被提前叫进虚拟会议室。
- **注意电量和网络**。你如果使用的是笔记本电脑，那么别忘记给它充满电！如果出现无线网络问题，那么在紧急情况下你要确保自己可以切换到移动设备上或连接热点。

面试准备

以下是招聘人员在招聘完全远程员工或混合式员工时，可以用来评估应聘者的远程工作技能和能力的一些问题：

- 远程工作时，你如何安排一天的时间并做好时间管理？
- 你认为远程工作者需要掌握哪些技能？你如何展示这些技能？
- 举例说明你在远程工作或混合式工作上的成功经历。
- 你如何确保在远程工作时高效地沟通？
- 举例说明你如何使用一系列技术来有效地进行远程工作。
- 远程工作或混合式工作给你带来了哪些挑战，你是如何应对这些挑战的？
- 关于远程工作，你最喜欢的是什么？你为什么申请远程工作？
- 在远程工作时，你如何保证自己的健康，如何保持工作与生活的平衡？
- （对于混合式工作岗位）你如何安排你的工作周，如何确保你的工作效率和生产力？
- 你如何在远程工作时保持动力？
- 你如果应聘成功了，那么当远程工作时，如何建立人际关系并确保你可以理解企业文化？

这些问题属于一系列能力问题（可以从以前的职位中寻找具

体的例子)以及优势问题(应聘者擅长什么或者在哪些方面有潜力)。你在回答问题时要诚实,并提供具体、详细的答案。记住,招聘人员希望未来的新员工完全有能力进行远程工作,应聘者需要向招聘人员保证自己具备必要的技能并且能够恰当地运用这些技能。

> **小贴士**
>
> 你如果没有远程工作经验,那么务必再阅读一下第一章中关于远程工作技能的内容,并思考一下如何展示这些技能。你如果被问及以前的远程工作经验,就要诚实地回答,同时可以解释你将如何处理你的第一份远程工作并确保成功。

迎接新的远程工作岗位

远程工作者应确保他们已经准备好了家庭办公室或工作场所,为新工作的第一天做好了准备,这样可以保证有一个好的开始。远程工作者早期要做的另一件重要的事情是了解与远程工作相关的内部制度和程序,了解公司或特定团队是否对远程工作有特殊安排,包括数据安全或费用等方面的制度,以及一些关于"员工在团队中做事的方式"的不成文规定。

当走上一个新的远程岗位时,了解企业文化是一个挑战。企业文化通常指的是"在这里做事的方式",它包括人们如何工作,如何相互支持,工作如何完成,以及共同的信念、价值观和规范。了解企业文化很重要,了解同事和团队成员是关键的第一步。

加入远程团队或混合式团队会面临一些特殊的挑战,包括了解他人、建立关系和提高个人的可见性。企业应该有正式的入职流程来帮助员工解决这些问题,但每个员工也要积极采取措施,以便在新的远程团队中取得成功。一般来说,无论是在远程环境、办公室环境还是在混合模式下开始一项工作,公司的入职流程都不足以确保你取得成功。即使有一位支持你的经理,远程工作者也需要主动为自己做一些事情以保证入职顺利。

在新兴的混合式工作模式下,员工应充分利用在办公室的时间,专注于建立人际关系和了解企业文化,把那些可以独立做的个人任务留到远程工作时间去做,比如绝大多数公司都强制要求新员工参加的在线学习或培训。完全远程工作的员工可能必须在家里完成所有的入职培训,在家里了解新公司。

> **小贴士**
>
> 不要害怕别人知道你是公司的新人。大多数同事都乐于助人,愿意帮你熟悉工作。

要想适应新的工作场所，新的远程工作者应该考虑以下几点：

- 如果你以前从未居家办公过，又想一切顺利的话，那么请遵循第二章中关于成功的指导建议。这是高效开展远程工作的基础，这样开始一份新的工作会变得简单。
- 与新同事和利益相关方会面。你可以寻求他人的意见以便确定合适的谈话对象和见面对象。最初，你们的会面可能只是简短的相互介绍，但这些最初的联系是非常重要的，有助于为建立长期关系铺平道路。
- 确定与同事联系的其他方式。有没有能进行社交对话的沟通渠道？有没有非正式的线上活动？团队成员会线下见面吗？如果有，下一次活动是什么时候？你什么时候才能加入？
- 如果公司没有给你分配搭档或带教员工，那么你可以主动申请。他们可以为你答疑解惑，提供信息。
- 如果还没有安排定期会议，那么你要主动向经理提出请求，同时要求他们为你在入职的头几个月里制定一些目标，以帮助你明确取得成功所需要的条件。
- 确定最关键的培训需求，比如用于远程工作或通信的特定系统的培训。

- 留下良好的第一印象，与新同事建立信任。第六章的技巧和指南可以帮助你做到这一点。
- 和你的经理谈一谈，了解他们接收新消息的方式以及沟通偏好。你可以根据他们的工作风格调整你的方法。
- 如果你打算采用混合式的工作方式，那么第一个月你要多花点时间在办公室里，从而尽快了解企业及其文化。
- 不要害怕有太多的问题要问，因为这是最好的学习方式。

最后，制订一份正式的职业与学习规划，这涵盖既定的目标与相关行动，而且对所有远程工作者和混合式工作者都是有益的。如果想获得更多细节信息，请回顾本章对这一问题的讨论。

职场新人

如果你初入职场，尤其是刚毕业的学生或学徒，那么在第一次远程工作时你会遇到特别大的挑战。许多毕业生和初入职场的人士可能还与父母同住，难以拥有一个独立的个人工作空间。另外，他们对工作和本书提到的很多领域缺乏一般的经验，比如建立职业关系、运用工作所需的技术、理解和适应企业文化等。他们可能比其他同事更注重工作中的社交。

即使职场新人曾居家学习过，这也不意味着他们可以高效地居家工作，因为他们需要不同的技能。

毫无疑问，学校需要考虑让当代学生为未来做好准备，帮助他们发展相关技能。一些公司已经开始迎接挑战了，开发了相应的模块来满足远程工作所需要的实用技能。与此同时，职场新人不妨考虑以下几点：

- 找一位有经验的远程工作者或混合式工作者来当自己的带教导师，但不要找直属经理来担任这个角色。
- 接受雇主提供的任何与远程或混合式工作相关的培训。
- 遇到困难，立即寻求支持或指导。
- 专注于本书所说的关键领域，包括建立人际关系、个人品牌和提高可见性。
- 与经理讨论如何用更适合混合式工作模式的学习过程来取代"观摩学习"，这种模式是指通过观察或倾听更有经验的同事的工作方法来学习。
- 当以混合方式工作时，你要最大限度地利用在办公室的时间来建立人际关系，了解企业文化。

建立人际关系

在第二章，我们讨论了在进行远程工作时建立有效关系的重要性，有效的人际关系和职场人脉有利于长期事业的成功。

人际关系非常宝贵，有助于我们获得知识和信息，甚至职业发展的机会。另外，对于职场人士来说，积极社交尤为重要，是必备的关键技能。它不仅有助于事业成功，还有助于职业发展。

"重要的不是你知道什么，而是你认识什么人。"这个说法虽然有些老套，但在某种程度上是有事实依据的。作为一名远程工作者，人际关系的建立不应该局限于工作场所，这包括更广泛的关系网络，你需要结交更多人。

一些有助于社交和建立人际关系的好方法不仅适用于传统的工作环境，还适用于远程工作环境。友好真诚、善于倾听、发自内心地表现出对他人的兴趣、分享知识、与他人共度时光，这些都可以帮助你建立个人关系网和强大的商业关系网。你还要做到互惠互利。你在职业社群中首先应该是一名乐于助人的成员，而不仅仅是为了从中谋利。

没有了开会前或者喝咖啡时的闲聊，也没有了走廊里的偶遇，远程工作模式下的员工很容易忽视人际交往，而人际交往可以帮助我们建立人际关系。远程工作者不应忽视社交的重要性，要尽可能地建立社交关系。在正式的商务议程开始之前，你可以问一问某人周末的安排，一个简单的问题就有助于个人关系的建立。

除了了解第二章关于建立虚拟关系的相关指导，你也要考虑以下这些与职业发展相关的内容：

- 加入相关的外部网络团体或参加一些专业协会的活动。很多机构既举办线上活动，也举办线下活动，因此参加活动很容易。外部团体可以带给你有价值的知识，也能缓解远程工作的孤独感，还可以为员工提供另一种职业社群。
- 至少在一个职业社交网站上填写一下个人资料。你填写的资料应专业一些。领英是最受欢迎的职业社交网站。接下来与你所在行业的其他人联系，发送一条有礼貌的信息，附上你的联系请求，表明你正在建立职业关系网络，这样大多数人都会乐意接受你的请求。
- 定期在领英上发帖或加入群组，适当地与其他成员进行联系。也要和你在工作上遇到的人联系，花点时间在领英上找到他们，向他们发送好友申请。
- 在社交网站上慷慨地分享专业技能和相关知识，将成员彼此联系起来。正如我们先前在讨论提高影响力时所说的那样，这才是互惠互利的。
- 通过在线联系或加入"校友"团体等方式与以前的同事保持联系。

有关人际关系以及信息如何在个人社交网络上传播的学术研

究将人际关系分为强关系和弱关系。

这些术语不言自明。强关系指牢固、稳定且通常长期存在的关系,比如与亲密的家人、朋友或同事之间的关系,他们是我们经常接触和建立联系的人。

相比之下,弱关系的特点是很少接触,它是指更疏远的关系。在社交方面,两者都很重要。也许我们很容易把重点放在强关系上,但我们应认识到,职业生涯中的弱关系同样重要。我们的强关系对象是最喜欢我们的人,他们拥有与我们相同的知识和信息,做着类似的事情,与同样的人交往。而弱关系对象可以成为我们获得新信息、新思想和新工作机会的重要桥梁,他们认识我们不认识的人,这能让我们进一步建立新的关系网络。

在新冠肺炎疫情暴发的最初几个月,微软的一项研究发现,当人们居家工作时,他们的强关系会持续存在,但较弱的关系可能会消失或被削弱,这包括在办公室工作时,那些与我们只是点头之交的其他团队的同事,或者只在活动或会议上才能偶尔见到的同事。

持续职业发展

持续职业发展(Continuing Professional Development,简称CPD)是一个持续确定并满足学习需求、追求个人成就和职业发展的过程，这是专业人士在整个职业生涯中都应该坚持的做法。通过反思做出改进以及专注于个人发展，有助于实现事业上的成功。持续更新技能，保持工作动力，这样你就能在快节奏的职场上拥有持久的就业能力。

所有员工，无论是远程员工还是混合式员工，都应该重视持续职业发展。归根结底，每个人都要为自己的学习和发展负责，在办公室或共处一室的环境中也是如此。以积极方式进行终身学习，这种技能不仅在今天行之有效，在未来也不可或缺。

持续职业发展涉及一系列活动，包括传统的培训课程，非正式的学习、指导或辅导，职场社交，以及只是阅读一本书或收听一下播客。持续职业发展应该以最恰当的方式来满足个人的发展与学习需求。

远程工作既可以给持续职业发展带来机遇，也可以带来挑战。相比面对面的办公室环境，数字工具和虚拟工作可以使学习和职业发展更加便捷。比如，在世界上的任何地方你都可以参加网络研讨会或虚拟会议，而无须长途跋涉。

通过在线课程，虚拟学习变得越来越普遍。虚拟学习与传统课堂环境相反，是指在线上进行学习，通常是由技术工具支持的。除了正式培训，数字技术还提供了很多非正式的学习机会，比如通过博客、TED 演讲和播客等进行学习。

并非每个人都觉得在线学习很容易，这取决于个人喜欢的学习方式。有些人觉得在线学习很难集中精力，会经常错过与其他学习者的互动。在完全远程工作的模式下，没有了面对面培训这种线下学习和发展机会，员工很容易忽视持续职业发展。远程工作也使得员工无法观察更有经验的老员工，因而减少了学习的机会。

不管个人喜好如何，对持续职业发展进行管理是必不可少的，其过程一般分为如下几个阶段：

- 自我评估或反思（我现在处于什么水平，差距在哪里）。
- 为学习和发展做出规划（我需要做什么，怎么做，设定一个目标）。
- 采取行动（开展促进学习和发展的活动，朝着目标迈进）。
- 回顾（我的进展如何，我学到了什么，我现在或下一步需要做什么）。

设定目标是持续职业发展的关键一环。我们都熟悉一个简单的缩写词 SMART，S 代表"具体"（specific）、M 代表"可度量"（measurable）、A 代表"可实现"（achievable）、R 代表"有相关性"（relevant）、T 代表"有时限性"（timed）。当目标涉及每一个单独的要素时，这个目标就是有效的。否则，目标会过于模糊、难以理解，因而无法实施，也就不可能实现。定期对目标进行审查，SMART 是一种很好的方法，无论设定的目标是什么，我们都需要进行优先级排序，并根据情况的变化而进行改变。

定期抽出时间来思考和规划持续职业发展是个好习惯。当然，发展情况如何因人而异。建议你以某种形式进行存档，这有助于保存记录并记住已经取得的成就。

一份完善的持续职业发展计划应包括以下方面：

- 考虑他人的反馈，比如经理或带教导师的反馈。
- 详述要完成的活动，其应该与当前职位和未来的职业发展愿景相符。
- 设定对规划进行审查的日期。
- 对业绩和成就进行评估。
- 新的远程工作者或职场新人应合理运用本书所讨论的远程工作或混合式工作的相关技能，这包括与持续职业发展相关的活动。

> **练 习**
>
> **制定长期目标**
>
> 职业生涯管理的一部分是为你的职业设定一个长期目标或愿景。你有长期目标吗？如果没有，考虑下下面这些问题：

- 事业有成对你来说意味着什么？事业成功是什么样子，或者说是什么感觉？
- 你想要达到什么目标？
- 在你的职业生涯中，什么对你来说最重要？你的工作有什么意义？
- 你最喜欢当前工作的哪些方面？哪些是你希望停止不做的？
- 什么对你来说是很容易或很自然的？
- 你理想的工作状况是什么样的？从工作、金钱、成功以及保持工作与生活的平衡的角度来考虑一下这个问题。

小贴士

管理你的远程事业

- 就算公司允许远程工作或混合式工作，很多人也不一定真正欢迎或接受远程工作和远程员工。如果你的公司（或经理）不提倡远程工作，也没有真正授权远程员工，你就要认真考虑是否与他们共事。
- 远程工作和混合式工作将继续存在，所以回顾一下第一章讨论的远程工作技能，并将此作为持续职业发展的重点。

- 考虑寻找一位导师，在职业生涯或者远程工作方面给予你指导和帮助。你认识能给你一些建议或指导的远程工作者吗？
- 你的公司为远程工作或混合式工作提供哪些方面的支持或培训？
- 无论是远程工作还是在办公室工作，你都要有目的地建立内部或外部职场关系网。
- 展示你的价值——不要害怕分享你的成果和成就。记住：如果成就是真的，你就不是吹牛！不要指望别人为你说好话，你自己要对此负责。
- 充分利用远程工作给你带来的自由，选择在状态最好、效率最高的时候工作。
- 对自己的发展进行投资。这是一条标准的职业建议，所有职场人士都必须使自己的技能与时俱进。远程工作者可以通过参加远程会议和加入在线交流群等，为实现这一目标获得新的机会。
- 定期回顾你当前的学习和发展需求，并参加相关活动来实现你的持续职业发展。

››› 要点总结 ‹‹‹

- 职业生涯管理包括设定职业目标、规划职业发展路径、满足学习和发展需求、建立职业关系网络。
- 为了保证自己的事业取得成功，远程工作者需要用到很多职业生涯管理技术，那些已经在有计划地管理自己的职业和个人发展的人应该对此非常熟悉。
- 为确保事业取得成功，职业规划和发展对所有职场人士来说都是至关重要的——无论是远程工作、混合式工作还是同地工作。然而，在远程工作环境中，我们需要克服一些潜在挑战，在规划时也要更加专注，更有目的性。
- 初入职场的人，或者那些刚接触远程工作的职场人士，应该制订一个具体的计划，在远程工作时管理好自己的职业生涯，包括培养关键的远程工作技能。

| 第八章 |

领导与管理远程团队

有效的领导和管理是远程团队和混合式团队取得成功的关键，为远程工作者提供适度支持尤为重要。领导和管理一个远程办公团队（无论是完全远程还是部分远程）并不需要全新的技能，然而管理者确实需要对一般的管理技能进行适度调整，并做好准备应对那些因领导方式的调整而出现的挑战。

长期以来，我们一直认为许多非常有效的人员管理技能在远程工作时会变得更加重要，比如绩效谈话和设定明确的目标等。不幸的是，一些公司对它们并不怎么重视——这一直都是一个问题，但在远程工作环境中被放大了。

同样，在进行远程工作或混合式工作时，管理部分时间在办公室一起工作的团队和管理100%远程工作的团队有明显的区别。在前一种情况下，管理者有机会定期与团队成员见面，即使只是偶尔见面开会和开展一些活动，情况也会好很多。然而，他们必须管理这种情况可能带来的复杂性，既要考虑实际操作，比如协调员工何时在何地工作，也要保证公平，不失偏颇。在一个完全远程工作的团队中，每个管理动作都需要通过技术工具来虚拟进行。

毫无疑问，在领导和管理远程团队时，某些方面确实会更加困难。尽管远程管理技能确实与基于办公室工作的管理技能相差不大，但一些好的管理方法却不再适用了。用管理办公室工作团队的方式去管理一个远程团队，会导致同事之间的关系变差、团队效率降低、工作容易出错以及沟通不畅，这样做必定会以失败告终。不管以何种方式领导团队，管理者都需要学会放手——放下个人的工作偏好、控制欲，不再进行监督，或者只是放下一种信念，即不要认为过去的领导和管理方式就是"正确"的。远程团队的管理者根本不可能知道他们的团队正在做的所有事情，他们必须授权员工自主工作。许多传统的管理方式都要求管理者面对面与员工进行接触——远程工作重塑了这些传统方式和工作关系。

领导远程团队最大的挑战之一在于：接近团队并为员工提供服务，同时避免微观管理或专横霸道、指手画脚，要从中找到平衡点。人们很容易要么亲力亲为，要么放任自流。其实每位团队成员都需要不同程度的监督和支持。研究表明，人们从自主中受益，并欢迎自主性——这也是一个关键的激励因素。因此，自主性应该是远程工作的重要原则之一——相信人们无论何时何地，都会尽最大努力去工作。

远程团队和混合式团队的领导者和管理者有责任提升员工的幸福感，使员工的工作与生活保持平衡，承诺多元化和包容性，以及及时进行沟通。他们需要知道如何进行远程招聘，从而引入新的远程工作者。远程团队的领导者还需要熟练应用技术工具，因为与员工的沟通和协作都是通过技术工具进行的。以上这些都不是新的管理技能，但需要更有目的性。企业文化影响着远程工作和混合式工作在实践中的成功程度，而领导者和管理者是企业文化不可分割的一部分。一些企业更能接受远程工作，做的准备也更充足。

附录 2 为远程团队和混合式团队的管理人员提供了进一步指导，也列举了管理者需要避免的陷阱。

管理远程团队和混合式团队的关键技能

沟通。正如我们在第四章已经讨论过的那样，沟通是远程工作的关键技能。对领导者或管理者来说，这一点可能更加关键。他们需要为团队的沟通定下基调，并在高效沟通与协作方面树立榜样。

明确期望。对员工的期望要明确。如果员工不清楚在远程工作或混合式工作中大家对他的表现和工作方式有什么期望，误解就有可能出现，工作也可能出现失误。这会导致信任危机或者关系破裂。

绩效管理。远程团队的管理者不仅要为员工和团队设定有效的目标，还要客观高效地进行绩效考核，不能全靠出勤以及自己与谁的关系更近来判断。

建立关系。管理者的作用在于，无论何时何地，他都能与团队成员建立专业、有意义且有效的人际关系。同时，成员之间也应建立这样的关系

技术。管理者应该熟练使用公司正在使用的任何技术工具，他们必须以身作则，同时帮助其他员工学习使用。有些技术工具会随着时间的推移而改变，所以灵活运用技术工具以及保持技术更新的态度尤为重要。

幸福感。管理者要支持员工划清界限，平衡好工作和生活，规避被孤立或工作和生活产生冲突等潜在的风险。管理者还要及时发现员工的不舒服之处，并知道在这种情况下如何与员工开展对话。

排除障碍。一些公司会在无意中对远程工作或混合式工作设置障碍，这些障碍可能是文化方面的，也可能是技术或行为方面的。领导者和管理者的职责是识别并排除这些障碍，帮助远程工作者取得工作成果。

公平对待远程员工和非远程员工。由于业务不同、职位各异，管理者会发现自己管理着远程程度各不相同的员工，有完全

远程工作的员工，有偶尔远程工作的员工，还有根本不能远程工作的员工。管理者需要做到公平公正，避免对某个群体有任何的不公平或者偏见。

指导。如果你总是不能在第一时间找到某位员工，那么指导式的管理方式会有显著帮助。管理者的指导可以帮助员工找到应对挑战的方法，从而让员工自己解决自己的事情——这是远程工作的关键。

然而，对远程工作的领导者或管理者来说，建立一个相互信任的环境是最重要的事情——这是远程工作成功的关键。

可以说，在任何时间任何情况下进行人员管理都可以应用这些技能，它们同样适用于对同地工作的团队进行管理。然而，在远程工作模式下，对这些技能的运用要适度调整。

领导远程团队和混合式团队本身就是一套技能，但这肯定要通过学习来掌握。

反　思

回顾一下领导和管理远程团队所需的技能。你认为你目前对这些技能的掌握程度如何？有需要改进的地方吗？如果有，你如何解决这一问题？

领导和管理远程团队和混合式团队面临的挑战

领导和管理远程团队需要克服一些关键挑战，包括以下几项：

- 当人们异地办公时，确保建立有效的团队关系，坚持协作和沟通，尤其要保证每个员工无论在哪里工作，都能获得做好自己工作所需的所有信息。
- 在混合式团队中，安排和管理好员工的后勤工作，安排他们在不同的时间工作。
- 注意规避个人对灵活工作和远程工作的偏见。
- 无论员工在何时何处工作，确保对所有团队成员保持公平、公正和包容。在混合式工作模式下，这一点尤为重要，因为管理者要保证没有"内部团队"和"外部团队"之分。
- 在进行远程绩效管理时，制定明确的目标，确定适当的绩效考核标准。
- 适应无法实时看到别人在做什么的情况。

这些挑战都是可以被克服的。在远程工作和混合式工作模式下，每位管理者和领导者都是强有力的榜样。员工会参考上级的工作方式，以此了解什么是可接受的工作方式，什么不是。

打造企业文化

前文在讨论工作动机时提到了丹尼尔·平克的研究，他在该领域的研究让我们了解到，许多人的工作动机不在于金钱奖励，而在于自主性、掌控感（提高或精进技能的能力或欲望）和目的性（做有意义的事）。这些内容都可以应用在远程工作上，特别是工作激励方面。

自主性是指进行自我指导和独立自主地开展工作。员工有选择的自由，尤其是在如何完成工作方面。自主性首先假设出发点是好的：员工都想把工作做好，并且大多数时候他们都有能力决定如何实现这一目标。这与本书讨论的其他能力如出一辙，比如重新思考时间的能力，以及通过调整个人工作节奏、平衡好工作与生活来最大化幸福感的能力。

掌控感可以促使员工把做好工作并持续改进和实现职业发展的愿望联系在一起——这不一定是想要奖励，而是自己本身想这样做。学习可以给人带来幸福感，并让人体会到自我成就感。当领导者支持员工拥有掌控感并提升其自主性时，这些因素共同作用，就可以打造一种远程文化。在这种文化中，员工不需要监督和管控，就会尽最大努力去工作，因为这完全是他们自己的意愿，而不是因为受到了监督。

目的性着眼于大局，可以让员工认清自己的位置。这包括共同的目标和成果。这些共同目标可以帮助团队提高凝聚力，明确前进的方向。结合本章其他地方对于创建共同工作方式的讨论，这可以赋予团队和个人力量，让他们明确工作的意义，把握重点。

> **反 思**
>
> 你目前的管理或领导风格在多大程度上体现了这些原则？你的团队在多大程度上拥有真正的自主权，你们有共同的目标吗？在提高团队成员的工作能力方面，你做了哪些工作？思考一下，你在领导和管理团队时，哪些地方可以用到这些想法和原则？

总之，要想塑造好远程办公文化，管理者需要做到以下几点：

- 展现出色的远程领导能力。
- 建立信任。
- 鼓励团队成员发挥自主性和掌控力。
- 为团队成员拟定工作目标。
- 以身作则，给团队成员树立好榜样。

小贴士

若你领导的是一个混合式团队,那么你自己也要开展混合式工作,或者至少要有这样的经验。这样你就可以了解并体验混合式工作,完全熟悉混合式工作的方式,这有助于防止你偏爱同地工作的团队成员。若你率先垂范,每天都来办公室工作,这将鼓励你的团队成员也这样做。要是出于某些原因,你不打算开展混合式工作,那么你一定要解释这是你自己的选择,而不是因为别人的期望。

确定哪些团队成员可以灵活办公

在领导及管理远程团队时,你可能会遇到一些具体的挑战(因此你需要一些相关技巧),而这在一定程度上取决于团队对远程工作的熟练程度。团队是否已经在远程工作了?团队成员是否有充分的远程工作经验?对于在办公室工作的团队来说,这只是改变了工作方式,还是说是员工第一次向经理提议进行远程工作?若是后者,那么很重要的第一步就是评估员工是否可以远程工作或以混合方式工作。并非所有岗位都适合远程工作或混合式工作。有时,基于工作本身的性质,你很容易就能判断出某位员工是否适合远程工作或混合式工作。但在有些情况下,你可能需要仔细考虑一下团队成员的远程工作请求,并不能立刻确定他们是否可以远程工作。岗位本身就是决定一个员工是否可以远程工作或在家工作的主要因素，但个人是否适合远程工作也很重要。

首先考虑一下员工的工作内容和日常活动：

- 有多少任务需要在某一特定地点完成？有多少任务可以在别的地方完成？
- 正在进行的工作是什么？有多少工作需要员工同步完成？有多少工作需要异步协作？有多少工作需要独立完成？有多少工作需要在监督下进行？有多少工作是常规性或标准化的？
- 不同类型的工作是否可以在某几天里同步完成？
- 员工是否具备居家办公所需的技能，是否掌握这些技能？
- 远程工作会对同事或其他利益相关者产生什么影响？
- 在这种情况下，远程工作有哪些潜在的利弊？

你如果很难找到这些问题的答案，就与团队成员共同商定一个时间段，把这段时间作为一起进行远程工作或混合式工作的试验期。

明确远程工作的方式

要想有效管理远程员工或混合式员工，管理者首先要制定一些基本规则，说明团队将如何进行合作以及对员工个人有什么期望。围绕工作方式形成共同的工作期望，不仅会使团队成员获益良多，还会让他们获得归属感，激发他们的责任心。适合团队讨论并达成一致意见的领域包括以下几个：

- 团队的开会频率及方式。是线下召开还是线上进行？
- 每种沟通渠道将用于哪些不同的任务？这包括如何沟通以及什么时候进行沟通。若是远程团队跨多个时区工作，存在时差，那么沟通好工作时间尤为重要。
- 如何协调好工作？这既包括协调具体的工作任务，也包括规定混合式团队何时在办公室工作，或何时进行远程协作。
- 团队成员应使用哪些技术工具来完成个人任务和协作任务？团队成员需要哪些线上共享空间？如何打造和维护这样的空间？
- 团队成员如何确定他们的工作时间和地点（这在混合式团队中尤为重要）？团队是否有某些特定的时间段来进行同步协作？
- 更新工作情况、活动及目标进展的最佳方式是什么？

> **练 习**
>
> **制定一些基本规则**
>
> 与团队成员一起讨论并确定远程工作或混合式工作的基本规则。召集团队成员一起在线上或线下讨论上述问题,邀请每个人都参与团队章程或原则的制定,以确保团队能够顺利进行远程工作。将这些章程或原则分享给团队成员和后加入的新成员,以确保大家有明确的预期。

制定本地化的成文规则来帮助新员工适应远程工作,所有团队成员都应明确知道公司对他们的工作期望是什么。混合式团队或远程团队的领导者应该将这些规则清楚地传达给所有团队成员。

组建远程团队

每个员工都是一个个体,都有自己独特的见解、动机和目标,他们所处的环境不同,关注点也不同。多了解员工并与他们建立个人关系是很重要的,特别是在远程工作环境中。因为在远程工作环境中,员工的日常互动机会减少了,定期联系也取代了非正式的接触。有关招聘新员工的更多建议,请参见附录2"招聘远程员工和混合式员工"部分;有关支持远程工作以及混合式工作的新员工的内容请参见附录 2 "支持新员工远程工作"部分。

例如，人们的工作动机各不相同。有些人工作是为了挣钱，或者得到认可；而另一些人的动机则是其他因素，比如有机会做出改变、提升自我。一些人以事业为导向；另一些人可能更关注家庭和工作以外的活动，工作对他们来说是达成目的的手段。员工的这些想法并没有对错之分。管理者如果了解了员工的想法和个人情况，就可以调整自己的管理方式，帮助员工从团队中获得最大的益处。

管理者可以通过 1 对 1 会议、职业对话、团队会议，以及定期与团队成员谈话等方式来了解这些情况。还有一些简单的小妙招，比如定期询问员工过得怎么样，适当地询问他们工作以外的生活，并对他们个人表现出兴趣，而不是一味地关注工作，这对建立有效的人际关系大有帮助。这些方法可用于办公室工作，同样适用于线上和远程工作环境。

当团队进行远程工作或混合式工作时，成员之间的互动会减少。即使有大量的沟通渠道，工作中一些较为随意的互动和社交互动也会消失。团队管理者具有关键作用，可以帮助团队建立牢固的关系，增强团队凝聚力。有很多办法可以实现这一点。管理者要抓住机会创造社交互动，比如：创建一个在线空间，用于聊天和非正式互动；在召开线上会议时，在会议开始或结束时提供一个聊天空间，让人们聊聊天；举办诸如测验或比赛等活动；一起庆祝生日或其他特殊的日子；鼓励成员帮助他人、结交好友。

> **小贴士**
>
> 如果你管理的是一个混合式团队，那么你要协调好时间，定期（每周或每月）安排所有团队成员都到办公室工作或在同地工作。这意味着一旦定好一个特定的日子或活动，每个人都要将其作为常规事件标记在日程里。每个人都应该参加这些活动。团队成员都应了解这段时间的目的，那就是建立并巩固与其他成员之间的关系。

并非每个人都喜欢远程工作，也并非每个人都能有效地进行远程工作。因此，要想领导好一个远程团队，管理者需要与团队成员讨论他们在家或其他远程地点进行有效办公的能力。附录 1 中的"远程工作准备情况评估"部分有助于管理者开展这些讨论。有些员工可能需要支持和指导才能有效地进行远程工作，还有一些员工会发现，出于一系列原因，他们并不适合远程工作。在这种情况下，管理者应该探索其他备选方案，比如与同事长期同地办公。

> **反 思**
>
> 当远程工作时，你的团队成员协作办公的效率如何？他们的优势和劣势是什么？团队需要进行哪些改进才能确保长期工作的成功？

与远程团队沟通

第四章已经探讨过沟通这一主题了。不论何时，在处理工作和领导团队时，良好的沟通能力都至关重要，但远程团队的领导者需要承担特殊的责任并做好榜样，确保团队实现良好的沟通。根据完全远程工作团队和混合式工作团队的不同，领导者需要克服的沟通挑战略有不同。根据工作安排，混合式团队可能会不时地聚在一起，从而开辟新的沟通方式和机会。

远程团队的管理者还应回顾一下第四章中关于举行有效在线会议的指导内容。

当团队远程工作时，沟通需要更加明确和有目的性。这是团队管理者的责任，但团队成员也起着关键作用。当管理者率先垂范，关注良好沟通的重要性时，员工就会明白管理者对他们的期望。

> **小贴士**
>
> 每个人的远程工作经验都不同。你对远程工作的看法，或者远程工作给你带来的好处和挑战，可能与团队成员的大相径庭，所以不要以为你知道团队成员的感受。多与员工进行1对1会议，定期与他们交流一下。

远程团队的绩效管理

无论在什么情况下，有效的绩效管理都至关重要。对于远程工作、混合式工作以及传统的办公室工作而言，这都是管理者必备的最重要的技能之一。绩效管理指的是一系列组合活动（通常包括过程和程序），包括设定目标、管理动机、考核绩效、鼓励员工不断学习和发展、给予员工适当的奖励和认可，还包括对员工的不良表现进行管理。绩效包括团队绩效和个人绩效两个层面。

绩效管理活动通常会占用大量的管理时间。如果实施得当，那么这可以促进员工的发展，激励员工继续努力，提高员工的参与度，并留住员工。

管理者需要通过有效的机制来管理远程团队的绩效。管理者首先要调整计算工作量的方式。绩效的衡量必须关注结果和产出、贡献和成果，而不是仅限于表面的行动。最重要的是，绩效管理机制不能以员工的工作时长为基础。在这里，我们看到了基本要素对良好绩效管理的重要性：设定明确的、现实的、有时限的目标；在适当的情况下，确定关键绩效指标或其他明确的衡量标准，以便每个员工都知道管理者会如何对他们的工作进行评估；定期提供绩效反馈。在任何工作环境中，目标都很容易过时。在考虑日常优先事项时，管理者很容易遗忘绩效对话这一项。在远程团队中，团队成员应了解他人的目标或优先要做的工作，或者他们至少要有这种意识。管理者要找准时机，鼓励团队成员互相分享他们的目标。

从本质上讲，远程工作的可见性较低。因此，人们很容易认为在远程工作环境中，绩效管理会困难很多，但事实并非如此。在传统的办公环境中，我们也很少能完全了解团队成员的工作内容。但是我们常常把出勤与绩效混为一谈，认为如果我们能看到员工，那么他们一定在工作。事实上，有研究表明，当我们看到员工工作时，特别是看到他们长时间工作时，我们往往会认为他们具备某些品质，比如更有决心、更有动力，即使我们根本没有任何证据来证明这一点，这是一种无意识的偏见。不幸的是，我们有时会据此来奖励、提拔和认可某人。因此，管理者首先要意识到这种可能性并加以防范，特别是在管理绩效以及提供发展机会、进行奖励或给予认可的时候。

在真正开始绩效管理和评估之前，我们必须先考虑一个关键问题：我们对绩效的定义是什么？有学术文献表明，个人绩效应该被定义为人们在工作中实际所做的事情，这包括他们采取的有助于实现公司目标的行动（坎贝尔和维尔尼克，2015）。这可能与他们的工作产出并不相等，个人绩效应根据个人的能力来评估。根据这一定义，如果我们不先了解清楚员工应该做什么，已经做了什么，正在做什么，以及员工应该如何做出贡献，我们就无法理解和评估绩效。员工也需要真正理解这一点。这听起来很简单，但做起来却不容易。

我们可以将绩效管理分为几个独立的阶段：设定目标和目的、进行有效的绩效对话、考核和评估绩效。下面依次探讨一下这几个阶段。

设定目标和目的

如果没有目标，我们就很难客观评估员工的成就或成果。目标应该明确需要做什么，以此来给予员工支持，并提供一个评估标准来帮助实现绩效评估过程。管理者可以根据这个标准来评估员工，而员工也可以根据这个标准来评估自己。团队和个人的目标应该与公司的整体战略、目标和目的相一致。最重要的是，每个人都应该清楚他们在大局中所扮演的角色。目标还可以帮助管理者让员工对自己的工作负责，并培养员工的主人翁意识。在远程工作时，员工通常更加自主，因为他们更加独立，没有人直接监督他们的工作。目标也变得比以往任何时候都更重要。

许多人已经对 SMART 这个缩写词很熟悉了，我们在第七章有关职业生涯管理的部分也简单讨论过。这是设定绩效目标的标准方法，代表"具体的、可衡量的、可实现的、相关的和有时限的"这五项标准。SMART 背后的理念是，当一个目标涉及所有这些要素时，它将是最有效的。如果没有这些要素，那么目标可能难以理解或者难以实施，或者过于模糊，员工无法理解怎样才算成功。在远程办公环境中，SMART 不仅可以帮助管理者向团队成员提出清晰的要求，还可以为管理者提供一种评估绩效的方式，让他们不再仅根据员工的出勤或可见性评估绩效。

SMART 是一个很好的开始，但并不是员工所需要的全部。当今世界瞬息万变，灵活性对个人和公司都至关重要。因此，目标的设定以及 SMART 的运用也必须灵活。团队不能总是提前一年设定目标和计划，又不对其进行审查和更新。当环境发生变化时，目标也必须随之改变。

远程团队要朝着共同的目标或愿景前进，这有助于增强团队凝聚力。所以不管工作地点和具体的工作职责如何，每个团队都应该设定一个共同目标，同时团队成员也应清楚他们的工作如何服务于公司的整体目标。在适当的情况下，管理者应该与团队分享自己的个人目标。在设定共同目标时，每个人都应该清楚自己能为该目标做出什么贡献。否则，团队中可能会出现一种叫作"社会性懈怠"的现象,即一个人付出较少的努力,而让群体中其他成员承担大部分工作。这种现象如果得不到控制,可能会导致团队成员产生冲突,不公平感不断累积,并掩盖业绩不佳的问题。

因此,管理者设定的目标应该满足以下几点:

- 符合 SMART 五项标准。
- 与公司的整体战略和计划保持一致。
- 适应不断变化的环境。
- 既包括团队目标,又包括个人目标。
- 尽量"远大"(可以是挑战或发展)。

> **反 思**
>
> 远程团队或混合式团队的所有成员是否有明确的、可衡量的目标?他们是否确切地知道公司对他们的期望是什么?如何评估他们的表现?团队要定期更新目标并进行讨论。

进行有效的绩效对话

当管理者与团队成员不在一起工作时,团队工作的可见性较低,因此管理者有必要定期进行绩效对话。正式的绩效评估只是讨论工作表现的一种方式，但不是唯一的方式。有效的绩效对话不需要那么正式，在理想情况下，对话最好能够持续进行。

定期谈论绩效有助于确保团队目标不会变得陈旧和无关紧要，也有助于管理者及时满足发展需求。绩效结果可以定期反馈，不必总是进行令人畏惧的年度反馈。定期谈话也能为企业文化提供反馈，为开放性讨论创造环境。

远程团队的管理者需要特意安排出时间，与团队中的每个成员进行 1 对 1 会议。如果不经常与团队成员在一起工作，管理者就很少有机会能与员工随便聊聊，或开展 Check-ins 对话。这可能会使员工感到孤立无援，也意味着一个苦苦挣扎的员工会被忽视很长时间。定期的 1 对 1 会议让员工有机会提出自己关心的问题，同时为讨论目标、进展提供了空间。这些会议能有效地帮助管理者与团队成员建立良好的关系。多长时间举行一次这样的会议因岗位、个人和公司而异。一个很好的做法是，管理者至少每月与员工见一次面，见面的形式符合双方的情况。然而，根据不同的岗位和个人，每月见一次可能太频繁或太少。因此，管理者可以与团队成员讨论合适的见面频次。通常，一个成功的远程 1 对 1 会议应该满足以下几点：

- 对当前项目及活动进行更新或调查。
- 对照当前目标查看项目进展。

- 调查员工的工作幸福感。
- 调查员工所需要的支持或当前所面临的挑战和问题。
- 提供适当的反馈或认可。
- 就像在面对面办公环境中一样，当出现绩效问题时，管理者必须迅速解决，以免问题恶化。

附录 2 提供了与团队成员成功进行虚拟 1 对 1 会议的建议。

考核和评估绩效

考核绩效的方式因公司而异，并受工作类型、行业、部门以及个人的影响。监督、衡量绩效的方式很多，可以是一个高级员工简单地对工作任务进行观察，也可以是公司通过复杂的跟踪系统实现对工作任务的自动化监督。

新冠肺炎疫情期间，远程工作的兴起促进了远程监督工具的发展，其旨在评估那些无法当面监督的员工的工作效率。虽然管理者可以使用这些工具，但这并不意味着他们应该使用这些工具。在实践层面，这些工具很容易就能被规避，结果也很容易被操纵。从企业文化的角度而言，这样做难以在公司营造一种高度信任的氛围，会让员工感觉受到了微观管理以及缺乏参与感。当员工感觉自主性受限，且受到高度控制时，与工作有关的压力就会产生。有很多好办法可以考核和评估远程员工的表现，比如设定有效的目标或使用相关的关键绩效指标。

每个岗位的工作内容和要求不同，因此每个岗位都需要特定的绩效考核形式。这包括要实现的目标、应完成的任务、完成任务所花费的时间、客户的满意度、项目的准确性。在设置考核标准时，请记住以下三条规则：

- 个人必须了解自己会被评估的工作内容，以及如何才能成功地完成该内容。
- 被评估的工作内容必须在个人可控制的范围内。
- 考核内容还应包括个人所付出的努力，而不能仅限于结果。

我们往往会把注意力都放在结果上。然而，这并不总是合理的，因为结果可能会超出员工的控制范围，受到定价、经济环境或他人行为等外部因素的影响。

> **反 思**
>
> 你将如何评估自己无法亲眼看到的业绩？对于每个员工，你将如何评估他们的成果？你又如何确保他们理解你的评估方式？

当管理者和员工定期会面时，他们可能会把大量时间花在讨论业务问题或更新工作进度上。但只要留出一点时间来大致讨论一下绩效，这可能就不是问题了。除了前面讨论过的较短的月度对接会，管理者不妨考虑以下建议，这些都可以通过虚拟方式进行：

- 至少每季度审查一次上一次正式的绩效评估所提出的目标，按工作需要进行更新，同时对照目标来检查工作进度。
- 在每一次学习或发展活动结束后，对员工进行调查，讨论后续行动。
- 至少每季度回顾一次学习或发展计划，以检查计划是否仍然可行，是否需要更新或删除任何部分，或者是否需要添加新的内容。
- 养成一种习惯，即从见解独到或信息灵通的人那里寻求对团队成员的反馈，这个习惯要贯穿项目始终。不要等到正式的绩效考核来临时才进行，那时人们的记忆可能已经模糊了，但人们经常在每年的这个时候收到很多关于提供绩效反馈的请求。由于远程工作的性质，员工的工作缺乏可见性，而这种方式可以弥补这一点。
- 如果员工表现出色，那么管理者一定要在当时就认可他们的表现，而不要等待正式的绩效考核或者公司的奖励周期到来（比如发奖金或加薪）。

- 建立一个记录系统，在一年中持续进行记录，这样你就有足够的信息在正式的绩效考核会议上讨论。
- 讨论员工在特定项目或工作结束时的表现和贡献。

以上建议可能有很多地方需要考虑，特别是对于那些工作繁忙的管理者来说。然而，如果员工能在长期学习中得到发展，那么这将对管理者的工作产生积极影响，让他们拥有一个更有能力、更加敬业的团队。

混合式团队的管理者需要考虑哪些会议应该在线上进行，哪些会议应该在线下面对面进行。在一年中，把两者结合起来交替进行是不错的选择。

许多公司评估绩效的主要方式是召开正式的绩效评估会议，通常是年度会议。绩效评估会议本身可以面对面进行或以虚拟方式进行，地点并不重要，重要的是谈话的质量。当一个团队以混合方式工作时，管理者可以询问一下员工偏向于面对面会议还是虚拟会议。每个公司都有自己的绩效评估方法。无论如何评估，管理者都应该花时间向员工解释评估过程，以及对他们的投入和准备工作有什么期望。一次好的绩效评估需要公司花一些时间回顾员工近期的表现和成效，也需要公司向前看，考虑新的目标、未来的计划和新的发展需求。

> **小贴士**
>
> 记住，绩效评估是主观的，绩效很少是静态的。注意近因偏差的可能性，也就是过于关注近期的表现，而不是关注整个考核期间的表现。

与同地工作的绩效评估方式一样，一些好的绩效评估方式也适用于远程工作环境：

- 回顾员工在整个绩效评估期间的表现，并寻求其他利益相关者的反馈，为评估做好准备。
- 注重证据。绩效评估应基于证据，而不仅仅是管理者的意见。在条件允许的情况下，公司可以使用数据或指标来衡量绩效。
- 要求个人进行准备。鼓励大家反思自己在绩效评估期间哪些方面做得好，哪些方面做得不好，并思考未来的工作目标和发展需求。
- 留出时间进行有效的交谈。避免注意力分散或谈话被打断的情况。如果会议是在线上进行的，那么一定要关闭其他通知，以便将注意力集中在员工身上。
- 平衡好谈话。绩效评估应该是一种双向对话，重要的是管理者不要一直夸夸其谈，而要进行提问，收集员工的意见。

> **小贴士**
>
> 在评估混合式员工的表现时，要注意避免可能会出现的近距偏见，这是一种无意识的倾向——人们往往会不自觉地偏爱身边的人或最常看到的人。如果一个团队中存在各种混合工作模式，那么在评估绩效时，那些经常在办公室工作的员工会获得更高的绩效评级。

在对远程员工进行绩效评估时，管理者要考虑以下几点并提供相应的反馈：

- 这类员工与其他混合式员工的协作和沟通情况如何？
- 这类员工使用远程工作的技术和工具的能力如何？
- 对照第一章列出的远程员工所需的技能，思考一下这类员工在多大程度上具备了这些技能？他们在哪些方面还需要提升？
- 这类员工管理时间、提高工作效率的能力如何？

在混合式工作或远程工作方面，员工是否需要进行相关提升？

小贴士

你不需要等到绩效评估的时候再去认可并表扬某人的出色表现，在平时的工作中，若发现某人工作出色，你可以当场告诉他你很欣赏或重视他所做的工作。

评估团队绩效

正如前面讨论的那样，团队成员朝着共同目标奋进有助于培养团队协作意识，也有助于建立和发展良好的团队关系，这对远程团队来说是必不可少的。当然，在评估团队绩效时，公司首先需要考虑的是：高绩效的远程团队或混合式团队是什么样子的？团队的形式和规模各不相同，但高绩效的远程团队通常具有以下特征：

- 通过个人努力和团队合作实现目标。
- 致力于实现共同目标和目的。
- 始终一起高效工作，彼此合作、沟通并分享知识。
- 成员明确自己的责任和扮演的角色。
- 团队中的每个人都有发言权并参与决策。
- 成员都能发挥自主性，有能力进行自我指导。
- 成员彼此高度信任。

在评估绩效时，公司既要考虑员工在团队中扮演的角色，也要考虑他们的个人表现。

> **反 思**
>
> 你的远程团队或混合式团队的工作效率如何？有多少特质可以证明这是一个成功的远程团队？这个团队有哪些地方还需要改进和提高？

远程支持员工的事业发展

管理者的部分职责是支持团队成员的发展，定期组织与职业和专业发展有关的谈话。许多远程支持职业发展的技术与传统办公室环境或同地工作环境所用的技术是一样的。与前文已经讨论过的其他管理技能一样，在远程工作或混合式工作中，这些技术需要稍微进行调整。学习和发展应该是绩效对话的一部分，而绩效对话不应仅限于某人是否完成了分配给他的任务，还应该包括他是否在专业上取得了进步，获得了发展，以及如何继续提高等。

职业谈话

绩效管理的一部分内容是鼓励人们思考他们的长期目标，并帮助他们制订计划来实现这一目标，这就是所谓的职业谈话。职业谈话会将下一个绩效评估期（无论是几个月还是一年）延长到一个更长的时间框架内，讨论更广泛的个人目标或职业目标。因此，通常来说，职业谈话超越了典型的绩效评估的时间范围（通常是一年）。一次好的职业谈话应该考虑到以下几个方面：

- 迄今为止员工对自己职业生涯的感受。
- 员工对未来（通常是未来几年）有什么样的雄心抱负。
- 员工如何实现这些抱负。
- 员工和管理者分别可以做些什么来实现这些抱负。

职业谈话可以向员工发出一个明确的信号，表示他们的领导对他们的未来发展感兴趣。同时，这可以帮助管理者了解为团队工作的每个人，了解他们各自的工作动机、兴趣和目标。职业谈话不需要定期进行，每年一次就足够了，也不需要单独召开会议，因为它可以随年度绩效评估一同进行，也可以与任何关于学习和发展的谈话一起进行。就像绩效管理谈话一样，职业谈话分为两部分：首先要讨论目的、目标以及更广泛的目标；其次要讨论在管理者的支持下，员工可以采取哪些措施来实现这些目标。

下面这些问题可以帮助你组织一场成功的职业谈话：

- 你的长期目标是什么？
- 你最终的职业目标是什么？
- 你在两年内或五年内想担任什么职位？
- 对你来说，未来在事业上取得成功意味着什么？
- 在你的下一个岗位上，什么对你来说是重要的？
- 你需要采取哪些措施来实现目标？
- 你需要什么样的发展才能实现目标？
- 我怎样才能支持你实现职业目标？

有时候员工不知道自己将来想做什么，或者不清楚公司有什么机会。在这种情况下，管理者要鼓励员工进行一些调查研究，了解公司在培训、资质、辅导或发展计划方面有哪些可以利用的机会。

职业谈话是绩效管理的一个关键部分，不应该因为某人是远程工作者而不予进行，长期的职业发展计划对远程工作者和在办公室工作的员工同样重要。

指导

通常来说，每个人都有解决问题的方法。指导就是基于这样一种理念。管理者的指导可以鼓励员工进行思考和反思，从而帮助他们找到解决问题的方法。当找到应对挑战的办法或者想出计划时，人们就更有可能采取行动并取得成功，这比只是简单地听从别人的想法或建议更有效。因此，通过有效的技术指导，管理者可以帮助远程员工管理自己的绩效，规划自己的职业生涯。

指导可以是管理者向员工提问，鼓励员工进行思考和反思。这需要管理者从他们觉得更舒服或者更习惯的角色中退出来，不再只是简单地提供信息、给予建议。许多管理者习惯于告诉员工该做什么。由于管理者职位的性质，人们会期望他们提供更多的经验或知识，但这并不意味着他们对员工面对的特殊挑战有正确的解决方案。相反，给予员工指导的原则鼓励管理者假设员工可以自己找到解决问题的方案。这在与远程员工一起工作时尤为重要。因为员工不同时同地工作，所以没有一个管理者可以随时为每个人提供帮助。

对员工进行指导可以让员工感觉自己受到了信任且拥有自主权，而这在远程工作环境中是十分关键的文化要求。通过接受指导，员工可以减少对管理者的长期依赖，使管理者有时间做其他事情。指导也可以使管理者赋权员工，让他们对自己的工作负责。这些都是远程工作的关键技能。

若要进行有效的指导，管理者提出的问题应该是开放性的，以"为什么"、"什么"、"在哪里"、"如何"或"何时"等问题开始。问题应该简短，也就是进行简单提问，不应该变相给出建议，不应该有引导性、迷惑性，也不应该太过复杂或太长。提问的目的是让员工进行思考，并提出自己的想法。

管理者可以提出以下问题：

- 你想讨论什么？
- 你怎么看？
- 你有什么选择？
- 到目前为止，你都尝试过什么？
- 谁能帮你解决这个问题？
- 你想做什么？
- 你取得了哪些进展？
- 你认为你应该优先考虑什么？
- 哪些事情进展顺利？
- 哪些事情进展得不顺利或者本可以做得更好？
- 你还想做些什么？
- 你可以做些什么不同的事情？
- 你接下来有什么打算？

就像开展远程工作一样，成功的指导确实需要管理者转变心态。对于那些更习惯于提供建议或只是在面对面环境中出现的管理者来说，这一点尤为重要。这意味着要适度"放手"，因为员工解决问题的方法可能与管理者惯用的方法不同。

给予指导还要求管理者学会一项特殊的技能，即适应沉默。在指导谈话中，沉默可能是一个信号，表明员工大脑活跃，正在进行思考和反思。此时管理者必须抵制住诱惑，不要输出自己的想法和解决方案来填补沉默。管理者一开始可能会觉得不太适应，但这却是使指导成功的关键。

为了让远程员工体会指导式管理风格，管理者可以先从上文罗列的问题中找出一两个自己觉得舒服的问题，把它们引入合适的绩效管理对话，然后花点时间反思一下这些问题的成功之处。管理者可以考虑尝试不同的问题，并评估它们的影响和效果。

> **练 习**
>
> ### 培养绩效管理技能
>
> 你的绩效管理技能适合远程员工和混合式员工吗？思考以下问题，并简单回答是或否。
>
> - 我与我的团队定期举行121会议（一种固定会议形式），我与员工保持联系并定期提供反馈。
> - 我不会等到正式的绩效评估开始后才与我的团队讨论绩效问题。
> - 我的团队成员目前都有最新的、有关工作任务的目标，并在一年的时间里不断审查和更新目标。

- 我的团队成员都明白公司会如何评估和衡量他们的绩效。
- 我会检查自己对绩效的评估是否存在潜在的偏见。
- 我为所有正式的绩效评估会议做了充分的准备,并确保团队成员也做到了这一点。
- 我总是能及时与员工一起解决问题。
- 我采用指导方式管理团队、赋权团队。
- 我根据既有的、提前沟通好的指标来进行绩效评估,并基于证据进行讨论。
- 我提供的反馈是经过反复思考的、有建设性的,而不是批判性的。
- 一年中,我一直记录团队的表现,这样在正式的绩效评估会议上,我就能基于一系列信息和数据来提供反馈,进行绩效排名。
- 我为团队设定的正式目标具有挑战性,这可以帮助员工获得发展,也不会带给他们太大的压力。

在思考了上述问题后,你需要在哪些方面做出改变?

小贴士

远程领导

- 采取单独进行的方式：与你的团队成员谈谈他们需要你做什么，以及你们在远程工作时的最佳沟通方式是什么。

- 在高效居家办公方面为员工做好榜样。如果你不能采用灵活的方式开展工作，那么你的团队成员可能也会认为他们做不到。与员工分享你的工作方式。

- 清楚地告诉你的团队成员，当远程工作时，他们可以何时以及如何与你联系。考虑每周留出一些时间与员工开展非正式的谈话，或者干脆开辟一个在线空间，让所有人都可以进入。

- 注重沟通。在远程团队中，沟通是团队共同的责任，但作为团队的管理者或领导者，这需要你来推动。同时你要提高沟通效率，为员工做好榜样。

- 确保你的团队有清晰的、最新的目标，以便成员充分了解如何评估和衡量自己的绩效。

- 要意识到你可能存在一定的偏见。你在分配工作、给予奖励或表彰时，是基于员工的表现和贡献，还是基于你最常见到谁？

- 反对"出勤主义"。如果人们认为出勤是一种获得认可的方式，那么出勤主义就有可能迅速蔓延。你如果看到有人经常工作很长时间或在正常的工作时间之外工作，就要主动与他们聊聊。

- 及时解决与绩效相关的问题。不要想当然地认为远程员工的效率一定低，其表现一定不好。然而，如果员工在工作表现上出现了问题，那么他们一般很难靠自己改善这种情况。
- 给予远程员工持续的支持，包括新老成员，使他们了解公司的目标、愿景，确保他们不会脱离公司的全局目标，并了解自己在其中扮演的角色。
- 定期进行幸福感调查。在远程工作时，你很难发现员工身体不舒服的迹象和症状，所以你如果想了解他们怎么样，就需要经常问问他们的情况。
- 重点关注团队中的新成员，一定要帮助他们与其他团队成员建立良好的关系，让他们远程了解公司的文化。
- 鼓励团队开展线上、线下活动并参与这些活动。这有助于建立并维护团队成员之间的联系。
- 努力表现出你对团队的信任，并营造一个团队成员相互信任的环境。信任是远程工作取得成功的根本所在。远程员工之间建立信任可能需要一段时间，所以考虑开展一些活动，以促进成员相互信任。

>>> 要点总结 <<<

- 管理者不能一直使用过去在办公室里工作的旧方法,这样很难获得长期的成功。

- 与同地工作相比,在领导和管理远程团队或混合式团队时,人们需要更加关注绩效管理、团队沟通、目标设定、团队协作和凝聚力。

- 领导和管理远程团队或混合式团队并不一定需要全新的技能,但如果想取得成功,管理者和领导者就必须调整方法,因为管理这类团队的方式与管理同地工作团队的不同。

- 管理者和领导者需要注重建立信任,这是远程工作的关键所在,微观管理或传统的"命令和控制型"管理是行不通的。

- 鼓励员工发挥自主性,并精通业务、明确目标,这样做无论是在团队层面还是在个人层面,都有助于远程工作取得成功。

- 要想创建健康的远程工作或混合式工作文化,管理者和领导者就需要以身作则,为团队成员树立强有力的榜样。

| 第九章 |

最后的思考

现在对于许多公司、行业和部门来说，远程工作是工作的重要组成部分。新冠肺炎疫情的暴发明显加快了传统工作方式向远程工作方式的转变，这意味着员工和公司都必须快速适应。在2020年，那些以前被认为不适合远程工作的岗位也已经转移到线上远程进行了。混合式工作是强制居家办公的进阶形式，带来了一系列新的挑战。

远程工作不仅仅是"换个地方工作"那么简单。它迫使我们从根本上重新思考我们的工作方式和我们对工作的信念。它改变了我们的一些观点，比如出勤与绩效之间的联系，办公室是默认的工作地点。它也让我们对工作时间的安排、如何合作和沟通等有了进一步的思考。

混合式工作和远程工作有相似之处，但又有细微的差别，比如在开展工作以及领导和管理团队方面存在差异，因此我们需要根据具体情况采取不同的方法。

个人如果对事业成功充满期待，就需要通过最新的、最完善的技能来应对远程工作。远程工作让我们以不同的方式思考工作的方方面面。我们不再被束缚于办公室，不用朝九晚五，不用遵循每天工作 8 个小时、每周工作 5 天的传统模式，真正实现了随时随地工作。尽管办公室工作制度在短期内不太可能消失，事实上，也很少有人希望它消失，但远程工作和混合式工作显然会继续存在。

对于个人和公司而言，启用线上工作模式并不是简单地在新的地点（通常是在家里）复制办公室工作模式，而是利用机会重新考虑和设计工作模式。在这种模式中，为了更好地工作，管理者要成功地掌握远程工作的技巧，并在适当的时候帮助为他们工作的其他员工也做到这一点。

随着远程工作和混合式工作变得更加深入和普及，或许在将来，我们不会再称其为"远程工作"，而是简单地称其为"工作"。

>>> 要点总结 <<<

- 在谈到远程工作和混合式工作时，没有所谓的最佳做法，只有最适合特定岗位、公司和环境的做法。使一家公司成功开展远程工作或混合式工作的因素不一定适用于其他公司。环境决定一切，因此员工需要有适应环境的能力。
- 为确保事业成功，从事远程工作和混合式工作需要开发新的技能，也需要以新的方式应用其他已经熟悉的技能。

- 并不是所有岗位、所有人都适合远程工作和混合式工作。有些人会在远程工作中获得成长，而有些人则在办公室环境中更加成功、更加快乐。因此你要对自己有正确的认识，这是通往成功之路的一部分。
- 远程工作和混合式工作的技能是相似的，但并不完全相同。
- 学习远程工作和混合式工作的技能是远程工作者的责任，这也需要得到管理者和内部学习与发展团队的支持。
- 远程工作和混合式工作的员工需要高水平的沟通能力、自我组织能力、数字化能力和个人幸福感管理能力。
- 领导和管理远程团队所需的技能与管理面对面团队所需的类似，但在某些方面，远程领导和管理变得更加重要了，更需要刻意关注。
- 当远程工作与其他形式的灵活工作或异步工作结合在一起，使工作时间更加灵活时，其变革性最强。在这种情况下，我们可以看到个人和公司都能实现利益最大化。
- 远程工作和混合式工作是员工非常向往的工作模式，而且这种需求在未来会只增不减，特别是随着我们不断学习如何充分挖掘其潜力，如何促进新技术的发展，这种模式会越来越受到重视。
- 远程工作和混合式工作将不断发展、迭代演变，成为未来工作方式的一部分。

| 附录1 |

为远程员工和混合式员工提供建议

如果你是一名远程工作者，或希望成为一名远程工作者，那么附录 1 为你提供了一些非常实用的建议。

远程工作准备情况评估

对自己的远程工作准备情况进行评估，以确定你是否已经准备好进行有效的远程工作了，并且确定哪些方面需要做出改变。这同样适用于即将开展混合式工作的员工。你可以问问自己以下问题：

- 家里是否有合适的私人空间来让你有效地工作？
- 你是否有合适的桌椅和其他必要的设备，或者很容易就可以获得这些设备，以确保有一个舒适、安全的工作场所？
- 你是否有强大的无线网络，以支持视频通话和在线协作？
- 你是否满足公司制度和程序所规定的对于远程工作的所有

要求？
- 你是否能对照顾孩子和其他看护责任做出妥善的安排，从而确保自己可以安全而不受干扰地工作？
- 你是否意识到了远程工作对幸福感的影响，并且有适当的策略来解决这个问题？
- 你是否有能力保持工作和生活的平衡，并抵制过度工作的诱惑？
- 回顾第一章关于居家办公技能的讨论，你认为自己是否具备足够的技能，并且可以在家有效地工作？
- 你是一个优秀的沟通者吗？你可以运用一系列不同的工具和媒介进行有效的沟通吗？
- 你是否认为自己有能力进行自我激励，并且能在无人监督的情况下开展工作？
- 在居家办公时你能够避免家庭环境中可能出现的干扰吗？
- 你是否能够熟练运用居家办公所需的一系列技术和工具？
- 在不与团队成员和同事经常交流的情况下，你是否可以舒心地独自工作？
- 你是否确信当远程工作时，自己既可以发展事业，又可以有效地学习？
- 你以前有过居家办公的经历吗？

如果你对上述大部分问题的回答是"是",那么你适合从事远程工作。如果你对五个及以上问题的回答是"否",那么在申请或接受远程工作之前,你要考虑一下如何解决这些问题。

申请远程工作或混合式工作

一些国家对申请灵活工作有专门的法律规定,这通常包括远程工作和混合式工作。许多公司也有自己的规定,详细说明了员工应如何提出申请以及要考虑哪些方面。有些公司会授权经理和员工自行达成协议,而其他公司则有正式的申请程序。

任何远程工作或混合式工作的申请都应该遵循相关法律和内部制度。如果公司有这样的申请规定,那么这通常包括远程工作人员的职责,比如对健康的要求,对信息安全的要求等。在提出申请之前,你要确保自己能满足所有要求,同时在申请中承诺这一点。

如果你想居家办公,那么下面这些建议可能有助于你提出申请。你可以思考一下下列问题:

- 目前是否有其他员工居家办公,公司是否有远程工作的先例?
- 考虑一下你开展远程工作对公司或经理有什么好处,支持你远程工作会给他们带来什么好处?
- 你开展远程工作可能会给公司带来哪些潜在的挑战或不利因素?你打算如何克服这些问题?
- 如果你的远程工作申请得到批准,那么公司可能会产生什么成本?如何减轻这些成本,或者即使产生了这些成本,整体业务将如何受益?
- 在远程工作时,你打算如何与你的团队进行有效的沟通和协作?
- 你如果想申请混合式工作,就要制订好计划并说明你将如何管理时间,详细说明你的工作模式,包括哪几天在办公室工作。

在申请中详细说明上述各点,以及你所提出的建议的细节信息,包括你是希望将全部时间还是部分时间用于远程工作。

你还要考虑以下两点:

- 对如何监控和衡量远程工作的效率给出建议,并说明可以在什么时间段评估其是否成功。
- 预先了解一下管理者对远程工作有哪些担忧,你如何让他们放心?

如果公司不能对你的远程工作潜力立即进行评估并给出结果，那么这也许是因为目前没有其他团队成员以远程方式工作。你可以建议公司开展一个试验期，在此期间公司可以评估你远程工作的总体情况。试验期可以持续几周或几个月。

如果你过去有远程工作的经历，那么即使是在不同的公司，你也要提供一些信息来说明你是如何开展远程工作并取得成功的。

远程工作和居家办公的10个陷阱

在远程工作时，尤其是第一次远程工作，人们总会犯一些常见的错误。你如果想取得成功，那么一定要避免以下10个常见的远程工作和居家办公陷阱。

超时工作。在家工作时，人们很容易延长工作时间，要么过早开始，要么过晚结束，要么不休息。在这种情况下，我们会久坐不动，这会降低工作幸福感。工作时间过长会降低工作效率，并让人产生倦怠感。你可以设定一个固定的下班时间，也可以在工作中途休息一下，到外面呼吸一下新鲜空气。

无法停下来。这是第一个问题的延伸，当居家办公时，所有工作设备都在手边，这会使你不停地查看电子邮件或通知消息，从而造成疲劳。你需要减少工作任务之间的休息和恢复时间，设定明确的界限，划分出非工作时间并管理设备上的通知消息。

无法应对打扰。"打扰"充斥于每一个工作场所，办公室更是重灾区。居家工作者要面对各种各样的潜在打扰，比如可能需要与其他家庭成员共享工作场所。承担家庭责任也是他们无法专注于工作的原因之一。在应对打扰方面，所有居家工作者都需要找到一个适合自己的方法。

没有在家中划分出合适的工作场所。如果你居家办公的频率较低，餐厅这样的临时工作场所就足以满足需求。你如果经常居家办公，就需要一个专门的工作场所。在临时场所长时间工作可能会导致肌肉、骨骼出现问题。你要有一个合适的工作场所，以支持你长期居家办公。

过度依赖书面交流。在远程工作中，我们极易养成一种习惯，那就是主要依靠电子邮件和短信与同事进行交流。特别是当考虑到远程工作通常会导致在线会议激增时，我们会更容易服从于这一习惯。一封电子邮件似乎可以减少我们注视屏幕的时间。然而，它也会减少我们与同事建立关系、增进了解的机会。一般来说，混合使用多种沟通方式更为可取。

努力在工作的同时承担好其他责任。除了突发情况，远程工作者不应在工作时处理家庭事务或照顾家人。一心二用是不现实的，这可能会使你无法专业、高效地工作，或经常违反工作规定。在居家办公时，你一定要把照顾家人的事情提前安排妥当。

变得孤独。孤独感是远程工作的一个特征。对于那些独居、所处时区与同事不同或比较外向的人而言，这是一个十分特别的问题。我们依然要有意识地留出时间进行社交，这非常重要。

同时处理多项任务。在远程工作中，许多人发现自己会同时处理多项任务。例如，在参加线上会议的同时回复电子邮件。不幸的是，同时处理多项任务是天方夜谭，这不可能实现。实际上，我们只是在不同的任务之间切换，没有在任意一项上倾注百分之百的注意力。这会导致工作质量低下，更不用说当在会议上被叫到时自己却没有听到的尴尬情况了！一定要在一个时间段只专注于一项任务，你的大脑会为此感谢你的。

随时在线。当远程工作时，我们会觉得证明自己的工作能力或工作状态十分必要，以防有人认为我们在偷懒，但这可能会导致你超时工作。不要害怕不能立即做出回应，没有人必须7天24小时都处于工作状态。

还在朝九晚五。当远程工作时，除非公司提出要求，否则你没有必要完全按照办公室工作时间表工作。根据个人的工作方式和节奏调整工作时间，这有助于提高幸福感和工作效率。

成为高效的混合式员工的10个建议

混合式工作是一种非常特殊的远程工作形式，也是非常新颖的工作形式。通常情况下，这意味着员工有时在办公室工作，有时在家工作。尽管许多有效的远程工作技巧也适用于混合式员工，但为了使事业取得成功，我们还需要把一些其他因素纳入考虑范围。

制订一周的工作计划。这将确保你能在最合适的环境中以最高的工作效率处理手头的工作。在每周开始或前一周结束时，花一些时间来制订计划。不要把计划安排得太满，要留出一些时间以防紧急事件或额外的工作需要处理。

灵活安排日程。远程工作和线下工作有许多不同之处，也应该有所不同。不要试图在家工作时复制办公室的工作模式，没有必要这样做。你如果真的这样做了，就会错过远程工作所带来的诸多益处。

不要忽视身体的舒适度。不要因为居家办公的频率不高，就将就着把餐桌或沙发区域当作工作空间，设置一处合适的工作场所很重要。

重视见面时间。由于采用了混合式工作模式，我们有时可以在线下与同事一起工作。你要充分利用这段时间，不要进了办公室就坐在办公桌前发送电子邮件或处理那些你可以在远程工作时间完成的线上工作。安排自己与他人会面，与你的经理面对面交流一下，或策划一些可以加强面对面协作的活动。

当你在办公室时，让别人注意到你。抓住机会让别人，尤其是经理或关键的利益相关者看到你。你要考虑自己所处的位置，提高自己的可见性，可以通过最大化见面时间来做到这一点。

尽量考虑到所有人。 当在办公室工作时，你一定要让远程工作的同事也参与交流，在举行会议时尤其要注意这一点。即使有同事远程参加，你也要邀请他们参与发言。注意潜在的邻近性偏爱——潜意识里默认最靠近自己的人是最好的。你能注意这一点的话，就会为他人做好榜样，这有助于确保当你不在办公室时，同事们也会以同样包容的方式对待你。

在远程工作时也要与同事保持联系。 虽然不在办公室工作时你理应专注于独立的工作任务，但在这段时间里你也要努力与同事保持联系。这将避免你在同事眼中成为"隐形人"，而且既能降低自身的孤独感，也能维持人际关系。

将你的工作地点和时间清楚地告知他人。 确保你的同事、经理或客户知道你什么时候会在办公室工作，什么时候会远程工作，以及什么时间休息。借助电子邮件的自动签名和共享日历等工具，让他人知道何时是联系你的最佳时间。

划清工作与生活之间的界限。 在办公室工作时，工作和生活之间的界限比较清晰。但在家工作时，做到这一点比较有挑战性。尽管在远程工作时，你不能也不应该"复制、粘贴"办公室工作模式，但你应该重新建立一些边界，使自己的工作比较有组织性，从而提高幸福感。参考本书第五章关于幸福感的指导和建议，这会对你有所帮助。

利用原来的通勤时间做一些事情。你现在不需要通勤了，不用通勤是远程工作或混合式工作的最大好处之一。在不需要通勤的日子里，你要有意识地利用这些时间做一些能改善生活或提高幸福感的事情，不要浪费这段时间。当采用混合式工作模式时，你最好考虑一下对自己、你的岗位和你的团队而言，哪些日子适合在家工作，哪些日子适合在办公室工作。在可能的情况下，对这些工作时间进行灵活安排以满足业务需求。例如，周五是一个很适合在家工作的日子，这是许多人的偏好。但从可行性或专业性的角度看，这是最好的选择吗？固定时间表和灵活时间表各有各的好处，我们要综合考量，不能千篇一律地安排所有工作日。混合式工作模式的好处在于，你可以将不同的活动安排在最合适的地点。

确定个人的工作效率

远程工作者可以根据自己的工作方式、喜好或精力对工作与生活进行调整，从而提高个人工作效率。然而，并不是每个人都习惯于考虑个人工作效率。原因是当采用办公室工作这一传统模式时，我们倾向于遵循标准的八小时工作制，持续工作一段时间，然后休息一个小时，之后再持续工作一段时间。这种工作模式可以追溯到许多人在工厂工作的时候，那时所有人必须在同一时间的同一地点工作。如今许多岗位都没有必要再采取这一模式了。确认个人的工作效率对于混合式员工来说尤为重要，这有助于他们将不同的工作和活动安排在最佳的时间和地点进行。

以下问题将帮助你反思自己的工作效率，使你拥有清晰的认知。

- 工作效率对你而言意味着什么？你怎样知道自己这一天是否高效？你都做了什么事情？
- 你一天中什么时候精力最充沛或大脑最清醒？
- 你一天中什么时候最富有创造力？
- 你一天中什么时候会疲倦或无精打采？原因是什么？
- 什么样的工作能让你全身心投入并感到精力充沛？
- 你的工作效率什么时候最高？
- 你在哪里工作效率最高？
- 哪些任务对你来说最具挑战性？你认为什么时候处理它们最好？
- 你和谁一起工作效率最高？
- 你在什么地方以及什么时候有好的想法？
- 你工作多久休息一次？你休息多长时间才能重新感到精力充沛？

- 你持续工作多长时间才会感觉无法集中注意力？
- 什么会影响你的个人工作效率？是积极影响还是消极影响？你的工作效率是如何在一天、一周，甚至一年中变化的？

利用上述问题思考你最高效、最有创造力的"高峰"时间是什么时候？你有哪些机会可以使你的工作时间、工作方法与你的个人工作效率相契合？对于这些能够引发思考的问题，你如果一时难以找到答案，那么可以考虑写一两天反思日志。记录你什么时候开始一项任务，什么时候结束一项任务，以及你对自己的精力和注意力水平的感知和看法。留意你所使用的每一种工作模式。你既可以尝试早点开始或晚点结束，也可以尝试不同的休息次数和休息时长，看看哪一种方式最适合你。

| 附录 2 |
为远程团队或混合式团队的领导者及管理者提供建议

管理者可以把这些建议当作快速参照工具。在管理远程团队或混合式团队时，管理者会面临一些常见的难题和挑战，这些建议可以帮助他们解决问题。

给混合式团队管理者的建议

虽然管理远程团队和管理混合式团队有许多相似之处，但对于部分时间远程工作、部分时间在办公室工作的团队来说，其在某些领域需要采用不同的管理方法。管理者可以考虑以下建议和提示：

- 你需要决定每位员工的居家工作时间有多少，在办公室工作的时间有多少。这要根据岗位的不同来决定，可能涉及制定轮值表或工作日程。
- 与员工交流一下，了解他们的工作偏好和适合他们的混合式工作方式。有些人可能喜欢在办公室工作的时间长一些，有些人可能喜欢居家工作的时间长一些。虽然不可能满足所有人的偏好，但一定要考虑哪些方面是可以照顾到的。

- 鼓励整个团队聚在一起，即使只能偶尔进行，也要抽出时间让大家聚一聚。可以每周或每季度举办一次外出活动——这要依实际情况而定。

- 团队内部是否公平公正，是否照顾到了所有人？你要仔细考虑这些问题，确保自己不会在潜意识里认为那些经常在办公室工作的人更优秀、更认真，这样会让远程工作的员工处于不利地位。你如何确保在你的团队中，大家无论在哪儿工作、什么时候工作，都有平等的地位和机会？

- 和你的团队谈谈技术问题。无论是远程工作还是在办公室工作，他们都能同样高效地工作吗？他们能在任何地方得到他们所需的一切吗？他们需要接受培训吗？

- 高效、有序地管理会议。回顾第四章中关于召开混合式会议的建议，了解一下可能出现的不利因素，并采取措施确保参会人员有平等的发言机会。

- 帮助大家了解彼此的工作时间和地点。将自己的工作时间和工作安排清楚地告知大家，比如什么时候可以联系你，以获得帮助和支持。

- 你需要知道如何以平等和包容的方式推进混合式会议。如果你所在的公司提供培训，那么你一定要找机会参加。

管理远程团队或混合式团队应避免的10个陷阱

在领导或管理一个远程团队或混合式团队时，你无论是否远程工作，都容易犯一些常见的错误。你如果想确保自己和团队取得成功，那么请避免以下10个常见的陷阱。

微观管理。在很多情况下，过度监督都不是一种好方法。它会给人带来一种不信任感，这对被管理者而言可能是一种压力。在远程工作环境中，对员工进行微观管理几乎是不可能的，尽管一些管理者试图通过远程跟踪软件进行监督，但这几乎不可能实现。相反，管理者和领导者应该信任员工并给予他们自主权。

不举行121会议。当团队远程工作时，员工偶尔、随意聊聊的机会减少了，因为他们无法在办公室或走廊里聊天。因此，员工需要特意留出时间来调查、跟进并获得他人的反馈。定期的121会议能确保员工经常与管理者会面。

会议太多。当团队采用远程工作模式时，人们通常会复制在办公室的工作方式，最具代表性的便是举行太多会议。正如我在本书所探讨的，注视屏幕太久对我们有害，当一整天都在开会时，我们就没有时间进行反思和思考了。在远程工作时，团队更应该利用各种沟通方式和异步工具进行交流，而不是过于依赖会议。请记住：如果你只通过会议来进行交流，那么你的团队会如法炮制。

没有制定大家都认可的基本规则。在远程团队中，每个人都需要知道公司对于他们的工作表现和工作方式有什么期望。这既有助于个人实现公司的期望，还能使他们的工作思路更为清晰。这对新员工来说尤其重要，同时可以使每个人的步调都与团队要求的一致。总之，让你的团队了解本部门的工作规则是什么。

没有关于幸福感的交流。正如第五章讨论的那样，远程工作中很可能出现一系列与幸福感有关的问题。为了提高远程工作者的幸福感，而不是降低，员工需要制定策略，并划清工作与生活的界限。这并不是每个人都能轻易做到的，而且大家很容易养成不良习惯。因此，管理者需要就幸福感这一问题持续与团队成员进行交流。

偏爱与自己同地工作的员工。不幸的是，人们会无意识地偏爱距离自己最近的人。我们更容易与经常见面的人进行沟通，但却容易忽视那些离我们较远的人。管理者必须意识到这种潜在的偏见并加以防范，确保自己能够公平对待每个人，特别是在沟通方面以及对员工表示认可或提供发展机会时。否则，整个团队中就会弥漫一种不公平的气氛。

忽视建立人际关系。真正有效的人际关系不会自己产生。管理者不仅需要花时间与团队成员建立人际关系，还要促进团队成员之间建立这种关系。在远程工作环境中，要想实现这一点，管理者需要付出一定的时间和精力。

在正常工作时间之外工作。在一个真正具有灵活性的公司中，员工的工作时间灵活、自主，这也意味着他们不需要正式的"办公时间"，管理者授权员工在最适合自己的时间工作。然而，当管理者在周末或深夜发送电子邮件或加班时，这种行为就会迅速蔓延。这会向员工传达一个信号：这是被鼓励的行为或者可取的行为。你如果确实需要在正常工作时间之外工作，那么一定要告诉团队成员自己这么做是因为这段时间对你来说是最合适的，他们不需要在非工作时间进行回复。对员工划分的工作与生活之间的界限表示尊重，这样团队中的其他成员也会表示尊重。

沟通不足。虽然有时我们会过度沟通，但在远程工作环境中，管理者需要清楚地、持续地与员工进行沟通，以确保所有团队成员都能得到需要的信息，从而高效地完成工作。与你的团队一起讨论沟通规范。管理者在与员工沟通时，需要提前设想沟通内容并计划好沟通方式，同时要创造空间进行非正式的特别沟通。

没有以身作则。在管理远程团队或混合式团队时，管理者如果希望员工有什么样的行为或表现，那么首先需要以身作则，清楚地向员工进行展示。例如，当管理者表现出自己会明确划分生活与工作之间的界限，工作中途会休息，或者更青睐哪项技术时，团队成员就会效仿。同样，当管理者表现出不良行为时，比如数字出勤主义，团队成员会采取同样的做法。

招聘远程员工和混合式员工

在招聘远程员工或混合式员工时，你要确保求职者具备相关技能，能够有效开展工作，这一点十分重要。可以不要求求职者有远程工作经验，因为远程工作的技能是可以通过学习获得和发展的。下面这些建议可以帮助你成功完成招聘。

- 在宣传招聘岗位时，清楚地说明公司提供多大程度的远程工作或混合式工作，并说明出差情况、到中心办公地点工作的情况，以及出席面对面会议的情况。
- 回顾一下第一章中关于开展远程工作和混合式工作所需的技能。考虑一下哪些技能与你要招聘的工作岗位最为相关，并以此为基础列好面试问题，以确定候选人是否具备这些技能。
- 回顾第七章中关于面试混合式员工和远程员工的一些具体问题，将其中的一些问题纳入你的招聘环节，重点关注该岗位是混合式的还是完全远程的。
- 在进行虚拟面试之前，你首先要确定使用何种技术进行面试。如果条件允许，请使用常见的软件，比如 Zoom 或 MS Teams，因为应聘者大多对这些软件比较熟悉。如果使用定制的或不太常见的系统，那么请向应聘者提供使用说明。

- 如果合适的话，与应聘者谈谈他们在新冠肺炎疫情期间的居家工作经历。在这段时间里，他们对自己有何认识？
- 将面试场所定为候选人在面试成功后会花大部分时间工作的地方，目的是观察他们在该环境下的表现。如果招聘的职位是完全远程的，就不要让对方到办公室来参加面试了，线上面试就可以。如果你要面试混合式员工，而公司有多个面试阶段的话，你就要在面试过程中兼顾两种工作模式，或者把重点放在他们将花费较长时间的工作模式上。如果混合式员工的岗位主要涉及在办公室工作，远程工作量较少，那就在办公室进行面试，反之亦然。
- 与应聘者分享公司或团队是如何开展远程工作或混合式工作的，并给他们机会进行提问。如果应聘者过去从未从事过远程工作，那就让他们谈谈对远程工作的期望，以及为什么他们认为自己适合远程工作和所应聘的岗位。
- 花时间问问应聘者，如果应聘成功了，他们需要你或者公司为他们提供些什么，以帮助他们成为一个成功的远程工作者或混合式工作者。

如何成功举行虚拟121会议

121会议通常是一个非正式的会议,在正式的绩效考核过程之外进行。它是绩效管理的一个有效组成部分,可以确保员工和经理定期进行对话。与远程员工进行的虚拟121会议和在线下面对面进行的121会议并没有多大区别。

会议应该多久举行一次,每次持续多长时间,或者会议本身应该使用什么技术,这些都没有固定的规则。与绩效管理的大多数方面一样,管理者需要根据员工和他们的个人需求来对会议进行调整。新员工可能比老员工需要更多的121会议,而表现出色的员工就不需要那么多。每月进行一次121会议是一个很好的做法。管理者还可以询问员工想多久见一次面,以及他们是否更喜欢在线会议或者电话会议。

121会议提供了一个机会,你可以了解业务进度,检查目标完成情况,讨论员工的支持和学习需求,并对优先事项进行讨论。定期举行121会议有助于员工和经理建立关系,确保实现有效的沟通。在线上会议中,大家很容易直接进入主题议程。从建立关系的角度看,一定要先花时间去了解一下对方。这是一个机会,可以让我们探索远程工作中比较有挑战性的方面。可以考虑时不时地问问员工以下问题:

- 是否觉得自己获得了有效开展工作所需的所有信息？
- 拥有开展远程工作必备的工具吗？
- 喜欢居家工作的哪些方面？工作效率高吗？
- 如何管理自己的幸福感以及平衡工作与生活？

支持新员工远程工作

一些新的团队成员可能已经对远程工作驾轻就熟了。但对其他人来说，这可能是他们第一次在一个远程团队或混合式团队中工作，他们需要得到更多的关注和支持。然而，无论某人是否在远程工作方面有经验，他们都需要得到支持来跟上团队的进度。融入一个组织在很大程度上是一个社交过程，这包括与他人进行互动、非正式的学习和建立联系。评判入职过程整体是否成功的一个重要因素便是与其他员工建立关系的速度。

下列建议可以为远程团队的新员工开展工作创造条件。

（1）刚开始远程工作时，不要让新员工独自工作太长时间——他们可能会感到孤立无援，与其他员工缺乏联系会影响他们的去留。

（2）无论团队的新成员在何处或何时工作，都要确保他们从第一天起就拥有开展工作所需的所有设备。他们需要接触所有的系统、共享区域、在线团队和沟通渠道。

（3）如果团队关于远程工作有任何的非正式规定或本地规定，那么一定要告知新成员，这包括共享日历、业务更新、打卡，或有关会议的规定。在一个混合式团队中，这还包括员工亲自到办公室参加会议的频率。

（4）帮助他们了解公司文化。每个公司都有自己的文化和工作方式，但这些可能很难被远程吸收。在入职期间，将公司的价值观、使命和愿景，以及战略目标等相关信息分享给新员工。

（5）在线组织一个专门的团队见面会，让团队成员"见面并相互问候"，这样每个人都可以向新员工做一个简短的自我介绍，并使其了解自己的工作。也可以借此机会向新员工表示一下初步的问候，如果今后有需要的话，可以进行更详细的会谈。

（6）鼓励团队中的其他人积极主动地与新成员建立关系——不要让新入职者去了解每一个人，而是要求每个人在欢迎过程中发挥自己的作用。

（7）推动新成员和大团队以及每一位关键联系人或利益相关者见面。如果团队采用混合式工作模式，那么这种会议既可以是虚拟的，也可以是面对面举行的。给新员工安排一个带教员工或搭档，这有助于新员工在最初的几个关键星期内获得支持，还有助于增强他们的团队归属感并与他人建立关系。

（8）在最初的几周内为新员工举办一些社交活动，可以是一次非正式的喝咖啡或吃午餐活动（虚拟进行和面对面进行都可以），也可以邀请新员工参加任何一个社交活动，对于混合式团队来说，还可以组织新员工参观办公室。

（9）如果新员工要采用混合式工作模式，那么在他们刚入职的几周内，要求他们比正常工作花更多的时间在办公室，这有助于他们快速了解公司的文化。同时确保办公室里有同事可以随时向他们提供支持。

（10）如果新员工没有居家办公的经验，那就为他们安排一位工作搭档或带教员工，带教员工需要在远程工作或混合式工作方面有更多的经验，从而帮助新员工在工作初期应对所有挑战。以下问题可以帮助你与新员工讨论远程工作。

- 你想了解或学习什么？
- 哪些事物会让你感觉与公司文化或团队紧密相连？
- 在入职期间，我该如何为你提供帮助？
- 你有开展工作所需的信息和工具吗？
- 你清楚自己需要做什么，以及公司对你有什么期望吗？

在远程工作时，回顾关于成功举行 121 会议的内容，以便充分利用与新员工开会的时间。在新员工入职期间，你要考虑与他们举行 121 会议的频次是否应该比与老员工举行会议的频次更多。

参考文献和延伸阅读

以下书籍、文章和学术研究为本书内容提供了支持，对于那些希望了解更多内容的读者来说，这是有用的延伸阅读资料。

关于新冠肺炎疫情期间居家办公的研究

1. Bailenson, J N (2021) Nonverbal overload: A theoretical argument for the causes of zoom fatigue, *Technology, Mind and Behaviour*, 2(1),doi.org/10.1037/tmb0000030 (archived at https://perma.cc/7VWXWNNX).

2. Barrero, J M, Bloom, N and Davis, S J (2021) Why working from home will stick, Working Paper 28731, National Bureau of Economic Research, www.nber.org/papers/w28731 (archived at https://perma.cc/6CZE-H2BA).

3. Chung, H, Hyojin, S, Forbes, S and Birkett, H (2021) Working from home during the Covid-19 lockdown: Changing preferences and the future of work, University of Birmingham/University of Kent,www.birmingham.ac.uk/Documents/college-social-sciences/business/research/wirc/eppworking-from-home-COVID-19-lockdown.pdf (archived at

https://perma.cc/DRX7-9D67).
4. CIPD (2019) Flexible working in the UK, Chartered Institute of Personnel and Development, www.cipd.co.uk/Images/flexible-working_tcm18-58746.pdf (archived at https://perma.cc/6GCG-GQDU).
5. Longqi, Y, Holtz, D, Jaffe, S, Siddharth, S, Shilpi, S, Weston, J, Joyce, C, Shah, N, Sherman, K, Hecht, B and Teevan, J (2021) The effects of remote work on collaboration among information workers, *Nature Human Behaviour*, www.nature.com/articles/s41562-021-01196-4 (archived at https://perma.cc/95Q8-NPZ4).

关于远程工作或灵活办公（及其后果）的研究

1. Baker, M (2021) 4 modes of collaboration are key to success in hybrid work, Gartner, www.gartner.com/smarterwithgartner/4-modes-of-collaboration-are-key-to-success-in-hybrid-work/ (archived at https://perma.cc/PN7A-JZWE).
2. Campbell, J P and Wiernik, B M (2015) The modeling and assessment of work performance, *Annual Review of Organizational Psychology and Organizational Behavior*, 2, 47–74, doi.org/10.1146/annurevorgpsych-032414-111427 (archived at https://perma.cc/NJN4-7EFK).
3. Cristea, I and Leonardi, P (2019) Get noticed and die trying: Signals, sacrifice and the production of facetime in distributed work, *Organization Science*, 30(3), 552–72, doi.org/10.1287/orsc.2018.1265 (archived at https://perma.cc/4KEY-MQHF).
4. Dale, G (2020) *Flexible Working*, Kogan Page, London.
5. Davenport, T H and Pearlson, K (1998) Two cheers for the virtual office, *MIT Sloan Management Review*, sloanreview.mit.edu/article/two-cheers-for-the-virtual-office/ (archived at https://perma.cc/77VU-ZJR8).

6. Dyer, C and Shepherd, K (2021) *Remote Work*, Kogan Page, London.
7. Olson, M H (1983) Remote office work: Changing work patterns in space and time, 15 Communications of the ACM, 26(3), doi.org/10.1145/358061.358068 (archived at https://perma.cc/9YGR-ZJ8P).

远程工作的动机研究

1. Pink, D H (2010) *Drive: The surprising truth about what motivates us*, Canongate Books, Edinburgh.

远程工作的信任研究

1. Covey, S M R and Merrill, R R (2008) *The Speed of Trust*, Simon and Schuster, London.

个人品牌、存在感和影响力研究

1. Brummit, S (2020) *Remote Presence: A practical guide to communicating effectively in a remote environment*, FastPrint Publishing, Orton Southgate, UK.
2. Cialdini, R (2006) *Influence: The psychology of persuasion*, Harper Business, New York.
3. Dhawan, E (2021) *Digital Body Language: How to build trust and connection, no matter the distance*, St Martin's Press/Macmillan, New York.
4. Peters, T (1997) The brand called you, *Fortune*, www.fastcompany.com/28905/brand-called-you (archived at https://perma.cc/M4RP-4JLS).

5. Schawbel, D (2009) *Me 2.0: Build a powerful brand to achieve career success*, Kaplan Trade, Manchester, UK.

混合式工作的研究

1. Gajendran, R S and Harrison, D A (2007) The good, the bad and the unknown about telecommuting: Meta-analysis of psychological mediators and individual consequences, *Journal of Applied Psychology*, 92(6), 1524–541.

在线办公的研究

1. Granovetter, M S (1973) The strength of weak ties: A network theory revisited, *American Journal of Sociology*, 78, 1360–380, doi.org/10.1007/978-3-658-21742-6_55 (archived at https://perma.cc/W2DM-JBNU).

工作交流的研究

1. Dennis, A, Valacich, J and Fuller, M (2008) Media, tasks and communication processes: A theory of media synchronicity, *MIS Quarterly*, www.researchgate.net/publication/220259966_Media_Tasks_and_Communication_Processes_A_Theory_of_Media_Synchronicity (archived at https://perma.cc/K6S5-7HHV).
2. Ramachandran, V (2021) Stanford researchers identify four causes for 'Zoom fatigue' and their simple fixes, Stanford News, news.stanford.edu/2021/02/23/four-causes-zoom-fatigue-solutions/ (archived at https://perma.cc/VKS9-MG7Q).

高效会议的研究

1. Kline, N (1999) *Time to Think: Listening to ignite the human mind*, Cassell Illustrated, London.